LIFE IS ESPRESSO

下北沢のわずか六坪の店には地元の老若男女、そして東京のみならず全国、中には海外から訪れる人もいる。僕の店、ベアポンド・エスプレッソは、日本ではまだ珍しいエスプレッソを中心にした店。様々な協力を得て二〇〇九年に開店したが、始めて間もない頃から多くの人が足を運んでくれた。

そうやって聞くと順風満帆のように見えるだろう。でも僕がこの店を始めるまでは決してそうではなかった。何せ二十年以上アメリカで暮らし、広告代理店などを経て、五十一歳で自分の店を持ったのだから。世の中、これほどの回り道をしてバリスタになる人間もそういないはずだ。

でも僕はたった十五ミリリットルの飲み物に情熱を注ぐ人たちとニューヨークで出会い、コーヒー革命の真っ只中に飛び込んで一〇〇％燃焼できるものを見つけた。これは自身でやったことだと言える等身大の世界がそこにはあった。たかがエスプレッソ、されどエスプレッソ。この本は僕の人生を濃密に抽出したようなもの。それはきっとエスプレッソのように苦く甘い。

BEAR POND
ESPRESSO
New York

DAVID
BLOW POP
CLIF
CLIF
BLOW POP

BEAR POND
ESPRESSO

第一章

広告の世界からフェデックスへ。東京からニューヨークへ

野球とスキーとサーフィンの日々

生まれは品川の大井町にある青物横丁。田中勝幸（かつゆき）、一九五七年生まれ。三人兄弟で姉が二人いる。父の田中一（はじめ）は当時、田中商店という非鉄金属業の会社を経営し、鉄以外のアルミ等の素材を売る仕事をしていた。明治大学付属の中学・高校を出て、明治大学法学部法律学科に進んだ。

父がスキーをやっていたので、僕も三歳くらいからスキーをやっていた。小学生から野球も始め、中学では野球部に入った。高校からはスキー部に入部し、大学でもスキーを続けるつもりが一年の時に膝（ひざ）を故障してしまった。それをきっかけにサーフィンに転向した僕は、波の魅力に惹（ひ）かれていった。また高校時代はバイクにも夢中で、ホンダCB500を乗り回していた。

やんちゃは若いうちにしておけと豪気な父だったが、取引先が不渡りを出した煽（あお）りで父の会社も傾き、住み慣れた家を売り、夜中に引っ越したことは辛い思い出だ。

大学卒業後は大都魚類（マルハニチロのグループ会社）に入社したものの、十ヶ月で退社した。それは僕の中に、ものを作る仕事をしてみたいという思いが芽生えたからだった。しかし、築地で汗を流しながら体感した街の活気と、魚河岸で働く粋な人たちとの交流は、短いながら一生忘れることができない貴重な経験となった。

妻は仲間でありパートナー

妻の千沙子はNHK朝の連続テレビ小説の考案者、丹羽一雄の長女として渋谷区代々木八幡で生まれた。丹羽さんは朝ドラ第一作『娘と私』の企画・演出をはじめ、一九五八年から五年間続いた人気ドラマで十朱幸代、岩下志麻、田中邦衛など人気俳優を多数輩出した『バス通り裏』の演出、歌謡番組を担当していた時代にはキャンディーズの結成企画など、数多くの番組を手がけた。

渡米前まで妻はスタイリストをしていた。僕が出会った頃、彼女はスタイリストのたなかれいこさん（現在はフードプロデューサーとして活躍）のアシスタントをしていた。代官山にRe・Tong-Fuというクリエイターが集まる小さな店があって、彼女もよく顔を出していた。そこに僕もふらりと行くようになって、その店の常連たちと仲よくなっていった。

海外と日本を往復する日々

妻の親戚が当時、グラフィック制作会社・アドレイを経営していた。そこは版下やプレゼンテーションのデザイン見本を作る会社で、広告代理店ごとに部署が構成されていた。

彼女の紹介で、僕はアドレイに営業として入社することになった。担当は広告代理店・第一企画で、カネボウのＣＭを手がけていた河添宗輔さんにかわいがってもらった。河添さんが率いるチームに入り一緒に仕事をしていたが、しばらくして彼が第一企画を辞めることになった。これからも一緒に仕事をしないかという誘いに乗ることを決めた僕は、河添さんたちとプロペラという制作プロダクションを立ち上げた。

僕はずっと、下請けの立場では広告主に自分の意思が伝えづらいと感じていた。それならば、いっそのこと広告代理店に入りたいと考えていたまさにその時、東急エージェンシーの種田誠二さんと出会う。彼はアサヒビールのＣＭで「俺は村中で一番モボだといわれた男」で有名な榎本健一の洒落男を使って大ヒットさせていた。その種田さんに拾われて、東急エージェンシーに契約社員として入社した。入社後、メナード、ネスレ、明治乳業、アサヒビールなどのＣＭ制作担当となった。

入社して馴染んできた頃、アサヒ飲料からNOVAという新しい缶コーヒーが発売されることになり、そのプロジェクトに抜擢された。その時、僕は二十六歳。制作局内で一番若かった。

NOVAはアサヒ飲料が初めて本格的に手がける缶コーヒー、そのため広告予算は潤沢とはいえなかった。少ない予算でどう展開しようかと考えていた頃、サッカーワールドカップのアルゼンチン代表、ディエゴ・マラドーナが伝説の五人抜きシュートを決めて話題になっていた。

打ち合わせの席で宣伝部の人が、冗談ながらにこう言った。

「もしマラドーナがCMに出てくれたら、制作費が増えるかもしれないね」

僕は河添さんのおかげで、外国人タレントを起用した仕事も数多く経験し、海外をそんなに遠く感じていなかった。それでも、さすがにマラドーナは無理だろうなという気持ちのまま、当時よく仕事をしていたロサンゼルスのコーディネート会社に打診してみることにした。

数日後、マラドーナを起用できる可能性は十分にあるという返事が来たのだ。初めはびっくりして半信半疑だったが、紆余曲折ありながら、最終的にはマラドーナの出演了解のサインをもらうことができた。

マラドーナが出るということで話が打って変わり、制作費も倍以上に膨れ上がった。最初の撮影をイタリアのナポリですることが決まり、いよいよCM制作が始まった。その後も僕はNOVAを担当し、海外での仕事が増えていった。

骨を埋めるのはアメリカだ

日本はタレント中心の広告が多い。時の人気者を起用して商品を訴求する広告が主流だ。それは今もそんなに変わってないと思う。海外出張が増えていくうちに、それはおかしいと考えるようになった。

僕はもっとマーケティング中心の広告表現をしたかった。そういう話を制作局の先輩にしていたが、日本ではは全面にタレントを使う広告でないと無理だと言われた。それならば海外で広告の仕事をしたい、次第にそれを本気で考えるようになった。

一九八五年からの数年間、仕事で一年の半分はロサンゼルスに住んでいた。日本とアメリカを往復する日々の中で、たまたまアリゾナ州立大学を卒業した人と出会った。その地名くらいしか知らないと僕が伝えたところ

「物価が安くて、環境もよくて暮らしやすく、勉強するのに最高な街だよ」

とアリゾナの魅力を熱く語ってくれた。

そこまで言うならアリゾナで挑戦しようと意を決し、東急エージェンシーを辞職した僕は、アリゾナ州立大学の専属の語学学校に入学した。そこでみっちり英語の勉強をしたのちに入学試験を受け、アリゾナ州立大学に合格することができた。

その時、僕は三十歳を過ぎていた。

休職ではなく、完全に退社してアリゾナに行くことを知った同僚から「帰国したら他の広告代理店に行くつもりなんだろ」と言われた。アメリカに行くことを決断した時、一生日本には帰って来ない覚悟を持っていた。また一から始めて、骨を埋（うず）めるのはアメリカだと強い決意を固めていた。

アメリカの広告代理店に入るためには、その地の人間にならなければいけない。僕は、アメリカから世の中がどう見えるのかを知りたかった。その第一歩として、アメリカの大学を卒業する必要があったのだ。

猛勉強で大学を二年半で卒業、ニューヨークの広告代理店へ

アリゾナ州立大学の専攻は、マスコミュニケーション部ブロードキャスティング科。日本でいうところの放送科。授業はかなり大変だったが、早く卒

業するため死に物狂いで勉学に励んだ。全額自費での留学で、妻も当時は仕事をしていなかったから、一日でも早く卒業して、アメリカで広告の仕事に就きたかったのだ。

朝から夜まで、夏休みも冬休みも休まず勉強の日々。こんなにも真剣に机に向かったことは、一生のうちで後も先にもない。その努力が報われ、普通は四年かかるところを二年半で卒業できた。

卒業論文はグローバル時代のサテライトを使った広告展開（グローバルニッチ）について、約五十頁の論文を英語と日本語で書き上げた。それをニューヨークの広告代理店数社に送ってみたところ、採用のオファーが来たのが、LLTインターナショナルという広告代理店。ニューヨークの広告代理店としては少人数の会社だった。

社内にアメリカ人チーム、韓国人チーム、中国人チームと日本人チームがある中、僕は日本人チームと韓国人チームを見るクリエイティブディレクターとして籍を置くことになった。主な広告主は当時、全米最大手の通信会社だったMCI。予算も規模も大きく、撮影でカナダのバンクーバーによく行かせてもらった。国際アンディー賞、ニューヨークフェスティバル等、様々な広告賞を受賞し、いい評価がもらえたと思う。

アメリカの広告の仕事にも、ニューヨークの暮らしにもようやく慣れてきて、さあこれからだという時に、LLTインターナショナルは民事再生法を申請し、破産してしまった。主要広告主のMCIが破産し、その煽りをくらってしまったのだ。

僕は広告の仕事の実績もあったのでグリーンカード（アメリカ永住権証明書）を取れるチャンスがあった。これまでに手がけた広告作品と受賞した広告賞、大手取引先の推薦状を資料に申請して、グリーンカードを一九九八年に取得することができた。

言葉と文化の壁をなくすのが僕の仕事

ちょうどその頃、物流サービスの最大手・フェデックスが、グローバル化を強化するため、複数の言語が話せて多国の文化に精通する、バイリンガルチームの人材を募集していた。フェデックスは当時すでに売上が数兆円あって、社員が十五万人もいる巨大な会社だった。

フェデックスにはアップルやソニーといった多国籍企業を扱うグローバル法人専門チームがあり、その部署のワールドワイド・アカウント・マネージャーを募集していた。そこに履歴書を送ると、幸運なことに面接まで進むことができ、数百人の応募者の中から採用となった。ワールドワイド・アカウント・マネージャーは会社全体で千人くらい。その中でもバイリンガルチームは十人くらいしかいなかった。

世界の物流はどうやって動いているのか。たとえば工業製品なら、中国や日本で作った部品や材料を、アメリカで組み立てて完成させることも多い。そうして完成した製品を世界中に一斉配送する。

日本で作られた部品の物流を担当するのは、ヤマト運輸や日本郵船など。アメリカまで運ばれてきたら、今度はアメリカのフェデックスやＵＰＳが担当する。でもそれでは効率がよくない。フェデックスの戦略は、原材料の調達から完成した製品の配送までの物流を全て請け負う一貫管理体制、世界各地に現地法人があるから一括サポートできるという提案をしていた。

だから、取引先が日本企業なら日本語で、アメリカ企業なら英語で応対する。また日本の組織の問題、日本の会社特有の習慣は、外国人にはよくわからない。それを僕が、相手が理解できるよう噛み砕いて伝える。言葉の壁だけでなく、その国の慣習も熟知していなければならない。だから言語や慣習の壁をなくすこと、それが僕の仕事だった。

時差があるから仕事は二十四時間態勢。ニューヨークが夜中の頃、日本は昼間。ニューヨーク本部のオフィスはマンハッタンのミッドタウンの高層ビルにあったが、定時中に仕事を完結することは無理なので、自宅でのオンライン勤務が基本になった。朝四時から始業という日もあれば、真夜中まで働く日もあった。

エスプレッソに興味はなかった

フェデックスで働き始めてしばらく経った二〇〇一年、ナインス・ストリート・エスプレッソが開店した。その名が示す通り、イーストヴィレッジの九丁目に所在する店で、僕は一区間隣の十丁目に住んでいた。マンハッタンで初めて、スペシャルティコーヒーを使ってエスプレッソを出した店だ。本格的なスペシャルティコーヒーのエスプレッソをこの地に広めていこうと高らかに宣言した最初の店だったと思う。

スペシャルティコーヒーの定義はいろいろある。ここでは生産地や生産過程がはっきりした、高品質のコーヒー豆と捉えよう。実はコーヒー豆の生産情報は、不明瞭な点が多い。安かろう、悪かろうが当たり前のコーヒーの世界に、ノーを唱えたのがスペシャルティコーヒーだと僕は思う。

その頃、頻繁にカフェに通うようになっていた。理由はフェデックスの企画書を作らねばならなかったからだ。企画書作りとなると、自宅にはすぐ近くにソファとベッドがあってつい寛いでしまうし、オフィスはガヤガヤと騒がしく、どちらも集中できない。ゆえにカフェで作るのが一番はかどる。作業に行き詰まった時、ナインス・ストリート・エスプレッソなど、近くのカフェでエスプレッソを飲んで気分転換していた。

そのうちナインス・ストリート・エスプレッソは二店、三店と増え、すぐ隣の近所の店だけでなく、犬の散歩も兼ねて他の店にも行くようになった。数店に通ううちに、店ごと香味が異なることを発見した。きっと、それぞれ違うコーヒー豆を使っているのだろうとスタッフに話を訊いたところ、ナインス・ストリート・エスプレッソはどの店舗も同じロースター（コーヒー焙煎人）が焙煎した、同じコーヒー豆を仕入れて使っているという。同じコーヒー豆なのに、淹れるバリスタによって味が違うことに驚いた。

しかしその時、エスプレッソに興味がなかった。カフェに頻繁に足を運ぶようになってから約四年間は、エスプレッソのことは何も知らないまま、ただ純粋に楽しんでいた。二〇〇五年くらいから段々とエスプレッソに興味を持つようになったが、自分がバリスタになるなんて微塵も想像していなかった。カフェでは店のスタッフたちとの出会いはあったけれど、適度な距離があった。顔馴染みとはいえ、あくまでバリスタと客、それ以上の関係になることはないと思っていた。

スペシャルティコーヒーは面白い

広告代理店に勤めていた頃、実はコーヒーが得意ではなかった。何杯も飲んでいると胃が痛くなってしまうから。しかしナインス・ストリート・エスプレッソのエスプレッソはすんなり飲むことができた。美味しいとかまずいではなくて、胃もたれしなくていいなというのが正直な感想だった。

ナインス・ストリート・エスプレッソなどのカフェに通い始めて数年経った頃、ある店のバリスタから、パブリックカッピングという試飲会に誘われた。カウンター・カルチャー・コーヒーという名前のロースターが二〇〇六年頃から始めたもので、ケイティ・カージュロというバリスタの大会で第二位を取った女性がその中心人物だった。

カウンター・カルチャー・コーヒーはニューヨークに店は持たないで、ノースカロライナ州でコーヒー豆の焙煎を専門にやっていた。そして今思うと、ナインス・ストリート・エスプレッソをはじめ、当時のニューヨークのいいカフェはほとんどそこの豆を使っていた。

パブリックカッピングは、スペシャルティコーヒーの味の違いを教えるための無料試飲会。カウンター・カルチャー・コーヒーがそれを始めた理由は二つ。ひとつは新規の取引先を探すこと。もうひとつは一般客の舌を肥えさせること。スペシャルティコーヒーの美味しさを広く知ってもらうことも大きな目的だった。

彼女は毎週金曜日、コーヒー豆を卸しているカフェで一時間ほどパブリックカッピングを行っていた。皆で試飲して「これはどんな味だった？」「これはグアテマラですよ」とレクチャーしながら丁寧に味の違いを伝えていく。

初めて参加した時は、スペシャルティコーヒーに少し興味があるくらいだった。しかし、コーヒー豆の産地や品種の味の違いがわかるようになると次第に面白くなり、スペシャルティコーヒーの世界にのめり込んでいった。

パブリックカッピングで産地を全部当てた

ある時、ウエストヴィレッジのカフェ、ジョー・アート・オブ・コーヒーでパブリックカッピングが開催され、僕もそこに参加した。

初めて参加した人が大半だったこともあり、場はしいんとしていた。僕は毎週のように参加していたから、すっかり味の違いがわかるようになっていた。いつものように試飲して

「これはグアテマラ。オレンジピールのような酸味の中にまろやかなコクもあって、上品な後味だね」

と答えた。一瞬でグアテマラを当てたのを見たジョー・アート・オブ・コーヒーのバリスタが面白がって、次々と僕に試飲させていった。

「これはどこのコーヒーだと思う？」

「フローラルな香り、エチオピアだね」

「当たり。じゃあ次は？」

「最初はナッツのような香味で、次第にワインにも似た甘さが口の中に広がる。これはブラジルかな」

「またまた大当たり！　最後、これはどこだと思う？」

「芳醇なチョコレートのような香りで、後味がスモーキーで余韻が長い。この香味はメキシコだね」

「ビンゴ！　凄い、全部当てちゃったよ」

たまたまその場にいたニューヨーク・タイムズの記者が驚いた表情で僕に尋ねた。

「あなた、何者なんですか？」

「フェデックスで働いていて、バリスタでもなんでもないんだ」

こう答えた僕に関心を持った彼女から、その場でインタビューしたいとの申し出があった。

後日、この日のパブリックカッピングの様子を伝える記事が新聞に出たのだが、すぐにニューヨークのカフェ関係者の知るところとなった。カフェに行くと皆が僕のことを知っていて、記事を見たことを熱っぽく語った。

それは偶然とも運命とも言えるタイミングだった。その記事が出る直前、僕はバリスタのトレーニングを始めていた。

右：ニューヨーク・タイムズの2008年5月29日号の記事で「洗練された味覚を持つ男」と紹介される

左：1年間のカウンター・カルチャー・コーヒーのインテリジェンスの実技、知識テスト合格後、アメリカ人以外で初のカウンター・カルチャー・コーヒーのバリスタ認定証を取得する

第二章　フェデックスかエスプレッソか、それが問題だ

エスプレッソラボでのトレーニングが始まる

トレーニング初日は、しんしんと雪の降る二月の寒い夜だった。

妻に「行ってくる」とだけ伝え、ソーホーにあるジョー・アート・オブ・コーヒーのラボへ向かった。ラボまでの道中の、ひっそりとした青白い情景を今でも鮮明に覚えている。それは、いつもの賑やかな街並みとはまるで別世界だった。エスプレッソマシンに触れられる喜びよりも、新しい世界へ飛び込む恐怖の方がまさっていた。

仕事の合間にトレーニングしていたが、あくまで本職はフェデックス。自分が求めていた日本語と英語を必要とする、世界を相手にするワールドワイド・アカウント・マネージャーという仕事だったので辞めるつもりはなかった。興味本位でバリスタのトレーニングを始めたが、趣味としてエスプレッソを勉強したかっただけ。そんな最中、先の記事が載ってしまったのだ。

ギミ！・コーヒーのオーナー、ケヴィン・クッデバックから声がかかった。ギミ！・コーヒーの本店はニューヨーク州中部の自然豊かなイサカという街に所在し、近くにはコーネル大学がある。イサカで成功した後、二〇〇八年ブルックリンに上陸し、マンハッタンのノリータ地区にも開店した。

「カツ、皆が君のことを話しているよ。今、何をやってるの？」

「フェデックスで働いてるよ」

「これからもフェデックスで働き続けるの？」

ケヴィンからそう訊かれ、僕はこう答えた。

「いつかはエスプレッソをやるかもね」

するとケヴィンがマーク・ザハリスというトレーナーを呼んだ。

「カツを指導してくれないかい」

そう言われてもマークは半信半疑の表情。フェデックスで働く僕に指導しろとケヴィンから言われて、きっと「本当にやるの？　君はフェデックスだろ」と思ったことだろう。最初は渋々の様子だったけれど「まぁいいや、やってみよう」と言ってくれてギミ！・コーヒーでのトレーニングも始まった。一店の地下にあるラボに行くと、コーヒー豆もミルクも万端に用意されていて、エスプレッソマシン（ファエマE61の3連式）も自由に使える、トレーニングするのに完璧な環境が整っていた。今考えたらとても恵まれた状況だったが、それでも僕は本当に適当で、最初の頃は週に一回、フェデックスの仕事の空き時間に、遊びに行くような感覚で通っていた。

しかし僕は何かを始めるとのめり込んでいく質（たち）で、トレーニングを通してエスプレッソの世界がどんどん面白くなっていった。さらにカウンター・カルチャー・コーヒーでのトレーニングも同時期に始めた。そこでコーヒーとエスプレッソの基本から、エスプレッソマシンの歴史、コーヒー豆やミルクについてなど、あらゆる知識を一年間かけて身につけた。そして実践と知識の試験に合格し、ようやくバリスタの認定証を取得した。

エスプレッソを通して成長を感じられる日々

マンハッタンのバリスタたちは新聞記事のおかげで皆僕のことを知っているし、カフェのオーナーたちとも顔馴染みになっていた。今思うと、エスプレッソの神様みたいな面々と知り合っていたことになる。何しろ当時はスペシャルティコーヒーのカフェはどこも小さくて、いつもオーナーがいた。毎日のように店に顔を出す僕は、彼らといつもにこやかに話をしていた。

カフェに行くとバリスタたちが声をかけてくれて、彼らとの交流も深まっていった。マッド・コーヒーのグレッグ・ノースロップから、一緒に店を出さないかと誘われもした。マッド・コーヒーは今では大成功してマンハッタンに店舗を持っているが、当時はトラックの荷台を改造した屋台のような移動式スタンドだった。

ギミ！・コーヒーの地下にあるラボでトレーニングしていると、他の店のバリスタたちも頻繁に訪ねてきた。

「カツ、あなたフェデックスじゃないの？」

「今トレーニングしてるんだよ」

「いつかカツのエスプレッソが飲めるの、楽しみにしてるね」

二〇〇〇年代のニューヨークはエスプレッソに関して発展途上だった。しかしバリスタたちは大きな熱情を持っていて、積極的に情報交換をしていた。

「あの店はどうしてあんなに美味しいんだろう？」

「バリントンというロースターのコーヒー豆を使っているかららしいよ」

「じゃあ今度、皆で行って飲んでみよう」

皆が知識や情報を必要としている、成熟に至る過渡期だったと思う。だから包み隠すようなことはなく、いいものは共有しようという機運があった。

バリスタが成長する時間と、互いに情報交換して知識を深めていく、その速度がいいバランスだった。自分の意見を確かめ、そして自身の生き方を一歩ずつ築き上げていく世界。バリスタ同士皆が仲間なので、いいものを作っている人を素直に褒めようという連帯感を持っていた。エスプレッソを通して成長していることを感じられる日々はかけがえのない宝物だった。

イーストヴィレッジの理由

今や有名店となったカフェが、軒並みニューヨークのダウンタウンから出てきたのには理由がある。ひとつはミッドタウンはビジネス街なので皆忙しく、そして一見（いちげん）の客が多い。イーストヴィレッジなどのダウンタウンはフリーランスの人やアーティスト、学生など、この街で暮らしている人が多い。たとえ美味しくてもミッドタウンでは一度きりの評価で終わってしまう。でもイーストヴィレッジは皆が近隣に暮らしているから、美味しいと思ったら二度三度と訪れてくれる。つまりは、彼らが作るコーヒーの味に客を慣れさせることができる。もし他のコーヒーを飲んでいまいち、だなと思ったらもう大成功、ずっとその店に通う常連客になってくれる。

もうひとつは家賃の問題がある。賃料が高いミッドタウンでは飲み物だけで収益を上げるのは難しく、そうなるとフードメニューを充実させなければならなくなる。それに客の回転率も上げないといけない。ゆったり寛げないカフェに常連がつきづらいことは明白だ。これらの理由で最初ミッドタウンに出店しなかったのだが、それが成功の鍵だった。

イーストヴィレッジに住んだの一九九六年から二〇〇八年までの十二年間。二〇〇一年にスペシャルティコーヒーのカフェがイーストヴィレッジやウェストヴィレッジにでき始めた。そして、二〇〇五年あたりから各店が腕利きのバリスタを連れてきて、エスプレッソシーンがさらなる盛り上がりを見せていく。僕がプロフェッショナルトレーニングを始めたのは、全てのピースがピタッとはまりムーブメントが大爆発する、まさにその直前だった。

理想的な完璧な生活。でもそこには何もなかった

バリスタたちとの友好が深まっていくと、僕はますますエスプレッソの世界に惹かれていった。

フェデックスの勤務時間はフレックスタイム制。朝の四時にＪＦＫ空港に行って、ひと仕事を終えてもまだ朝の十時頃。その後、カフェのラボに行って、バリスタたちと過ごしていた。

土曜日と日曜日は完全な休日。ロングアイランドまでドライブに行くのを習慣にしていて、その車も会社が一部負担してくれる。一ヶ月の長期休暇を取ることもできるからゆっくり旅行も楽しめる、理想的な暮らし。しかし、ただそれだけ。そこには何もなかった。

エスプレッソと出会う前は、何もないことに気づいていなかったし、真剣に何かを探そうともしていなかった。でも気づいてしまったのだ。そして僕

は、バイリンガル・バイカルチャーの仕事に以前のような情熱を注げなくなっていった。

一〇〇%燃焼できる人生を探そう

誰しもが大きな会社に入れば安心だと思いがちだけど、大手というものは魔物だと思う。大きい会社の名前を出すと皆が感心してくれるのは事実だ。でも中には僕がフェデックスの社員と知り、急に態度を変える人もいた。でもそれは僕ではなくて、所属する会社への評価にすぎない。しかしそれを自身への評価と勘違いして、自分は凄いのだと見間違えていた。そこに僕はいない。大きな会社で働くのは悪いことではないが、果たしてそれが僕の考えていた本当の人生のゴールなのだろうか。

幸運なことに、勤めた会社はどこも、居心地がよく素晴らしい社風だった。

自由でアットホームだけれど、自分らしさを出さなくてもその場所にいられた。言うなれば、そこにいるのはもうひとりの、かりそめの自分だった。

　全力を出し切って、燃え尽きるまでやらなくても、うまくやりこなすことができた。仕事でそれなりの結果を出していたが、いつも八割くらいしか燃焼していない自分がいた。それに気づいた時、人生に対して何て失礼なことをしているのだろうと思った。それならば一〇〇％燃焼できる人生を探そう、ようやくそう思えるようになった。

　それはもっと等身大の、自分自身の大きさに合ったものであるべきとも考えた。身体の芯から滲(にじ)み出てくるような、全力で情熱を注げるものは、今の自分にとって何だろうと思い悩んでいる最中に、バリスタへの道が輝いて見えてきた。エスプレッソの世界に出会う前から、全力を傾けることができるものを渇望(かつぼう)する気持ちの火種は、心の奥底でくすぶり始めていた。

物流がやりたかったのかと自問自答する日々

当時の肩書きはワールドワイド・アカウント・マネージャー。その先はマネージングディレクター、日本企業でいうところの常務になる。その立場になるためには、仕事の実力だけでなく、会社の幹部や他の部署とのつき合いも必要となる。つまりは公私とも会社に捧げる、完全なるフェデックスファミリーの一員にならなければいけない。

その時、僕は四十代半ばだった。仮に六十五歳で引退すると考えた時に、あと二十年この仕事を続けていいのだろうか、本当にやりたいのは物流なのかと自問自答する自分がいた。今の仕事を続けていれば経済的には一生安泰で過ごせるかもしれない。しかし、それで悔いが残らないのかという疑問が沸き起こってきた。

イーストヴィレッジを見渡すと、スペシャルティコーヒーと日々格闘するバリスタたちがすぐ隣にいた。単純明快で、この最高のエスプレッソを誰が作ったのか、それが明確に見える世界だ。一方、フェデックスは大勢のチームでやっている巨大な仕事だが、誰のおかげでその成果が上がったのか、それがはっきりとはわからない。

妻は、僕が大手にいることを魅力に感じてはいなかったのではなかろうか。きっと、フェデックスで働いている不完全燃焼の僕の姿が嫌だったと思う。僕は何となく仕事をこなしていて、何のために明日があるのだろうとまで思うようになっていた。しかしエスプレッソと出会って、小さくくすぶり始めていた火種は一気に燃え始めた。

新しいムーブメントが目の前で生まれようとしている。そのライブ感が、消えかけていた熱情を激しくかき立てた。

君はカウボーイだ。どこに獲物がいるかを自ら探れ

ニューヨークのカフェでパブリックカッピングをする時、僕のジーンズはいつも汚れていた。トレーニングの後で、エスプレッソの粉がたくさんついていたのだ。脚元はそんなふうなのに、ギンガムチェックのシャツの上にカーディガンを羽織り、腰にはカウボーイのバックルをしていた。

ある時、一緒にパブリックカッピングをしていたケイティがこう尋ねた。

「あなた、本当は英国紳士なの？」

ケイティはいつもラフな格好をしているから、襟のついたシャツを着ている僕を英国紳士みたいと思ったのだろう。

「僕はいつだって紳士だよ」

冗談めいてこう答えたが、自分の脚元を見ると笑うしかない。だってジーンズはエスプレッソの粉だらけなのだから。

それに気づいた僕が、勢いよく粉をはたくと
「やっぱりそんな粉まみの英国紳士はいないわ。本当はカウボーイね」

と彼女は笑いながら言った。

「そうだよ。表は紳士だけど、心の中は燃えるカウボーイだよ」

それ以来、僕はニューヨークのバリスタ仲間からカソリックカウボーイと呼ばれるようになった。

我が道を行くのがカウボーイの生き方だ。獲物に向かって脇目もふらず、ひたすら走っていく。しかしそれは、フェデックスが教えてくれたことだ。

「君たちはカウボーイだ。自らの力でバッファローを探しに行け」

バッファローとは新規の仕事を意味している。仕事は待っていないで、自らの手で見つけ出すもの。どこに獲物がいるか、その一点に集中することが大切だと教えてくれた。それは僕がフェデックスの仕事の中で、最も感動したもののひとつだった。

東京という荒野にバッファローがいる

エスプレッソの情熱が燃え始めていたまさにその頃、妻の父が病に倒れた。看病の甲斐なく義父は亡くなり、いよいよこれからの生き方を考えざるを得なくなった。そうなっても、ずっとエスプレッソのことを考え続けている自分がいた。しかし考えてはいたが、まだエスプレッソを生業(なりわい)にする決心はついていなかった。

僕は三つの選択肢を考えていた。一つ目は、このままフェデックスの仕事を続ける。二つ目は、会社を辞めてニューヨークでエスプレッソの店を始める。三つ目は、帰国して東京でエスプレッソの店を開店する。

ただ日本へは二十年間帰っていないから、右も左もわからない状態。冗談のように聞こえるかもしれないが、アメリカに骨を埋めるつもりでいたから、一度も日本に帰っていなかった。

心は離れているけれどフェデックスの仕事を続けていて、中途半端な状態だった。僕にバリスタの指導をするように指示したギミ！・コーヒーのケヴィンも、僕がエスプレッソの世界に飛び込むことにまだ半信半疑だった。当時はあくまでフェデックスが本職、単なるバリスタ修業中の身だったのだから。

悶々（もんもん）と悩み続けていた僕の姿を見て、バリスタ仲間のケイティはこう言い放った。

「私だったら絶対、日本でエスプレッソやるな。だって、そのほうが開拓できるじゃない」

その言葉にしびれた。

「それだ、それだよ！」

その時に、僕はまだまだカウボーイではないと思った。僕が狙うべきバッファローは、ニューヨークにはいない。それを狩猟するカウボーイはもうここに大勢いる。バッファローがのさばっているのはどこだろう。それは東京という未開拓の荒野ではないか。それをケイティがズバリと示してくれたのだ。

そして彼女は、続けてこう話した。

「もしも私が今のあなたの立場だったら、迷うことなく東京に行くな。私は日本語が喋れないし、日本のワーキングビザも持ってないけど、あなたは両方持ってるでしょ」

そうか、僕はさらにバッファローを追い回すことができる馬も持っているんだ。それに気づいた瞬間、ようやく決断することができた。

「よし、東京で暴れよう！　東京という荒野には、僕が狩猟するバッファローがいるんだ」

全ては妻のおかげ

その時に理解した。人生は綺麗事ばかりではない。ニューヨークで嫌なこともたくさん経験した。でも僕は純粋さを忘れていなかった。荒野に獲物がいたらそこにめがけて脇目もふらず走って行く。それこそが本当の僕なのだ。東京で勝負することを決めた時、改めて妻の千沙子は本当にいいパートナーだと思った。広告代理店に入社が決まるまでの数ヶ月、無職の状態だったけれど、僕を信じて一緒に毎日電話を待ち続けてくれた。入社が決まった時は「よく頑張ったね。本当によかったね」と僕以上に喜んでくれた。

ようやく入社できた広告代理店を辞めてアメリカに行くことを決めた時も、僕を見捨てることなく一緒に海を渡ってくれた。アリゾナ郊外の一番安いモーテルを借りてアメリカで暮らす準備をした時も、アリゾナ州立大学を卒業した時も、念願のニューヨークの広告代理店に入った時も、そしてそこが破産した時も、妻はそれに文句ひとつ言わず優しく寄り添い続けてくれた。

東京ではスタイリストとして活躍していた彼女は、ニューヨークでもその才能を発揮した。ニューヨークが本社で、数々の著名人を顧客に持つ眼鏡会社、セリマオプティークの日本市場担当として一九九六年に入社し、現在も日本のエージェントとして活躍している。

そして、ニューヨークでの僕の最大の危機を救ってくれたのも彼女だった。

実はフェデックスに入社する前、一度だけ警察署に連行されたことがある。アジア人であることを馬鹿にされるのは日常茶飯事で慣れていたと思っていたが、ある時、ストレスが溜まっていたせいもあり、僕に向かって人種差別的な発言をした知人と口論の末、喧嘩をしてしまったのだ。

口論をしていただけで手は出していないが、騒ぎを聞きつけてパトカーが何台も来てしまった。しかし妻が経緯を丁寧に説明してくれたおかげで、厳重注意で解放された。もし彼女がいなかったら、前科がついてフェデックスにも入社できなかったことだろう。

妻の父、丹羽一雄さんが亡くなる前に残したこの言葉にも突き動かされた。

「君たちはアメリカでいろいろな苦労と体験をしたのだから、その人生経験を生かして新しい時代を創りなさい」

機が熟した時にすぐニューヨークで店を構えられるよう、フェデックスを辞める前から少しずつ機材を買い始めていた。その結果、会社を辞める前に開店のために必要な機材が九割方揃っていた。リビングルームを全部空っぽにしてラボを作り、自宅でトレーニングを始めたのだが、僕の家を訪れたバリスタ仲間は皆、プロ並みのラボがあることに驚いていた。

東京で店をやることを決めた頃、世田谷の実家が空っぽの状態だった。そこにニューヨークから荷物を送り、僕たちは二十年ぶりに帰国した。そしていよいよ、東京での店探しが始まった。

BEAR POND

第三章

東京でエスプレッソを極める闘いが始まる

ロースター・吉見紀昭君と出会い焙煎に無限の広がりが生まれる

店の場所探しともう一つ、エスプレッソスタンドを始めるために、絶対にしておかなければならないことがあった。それは、僕が理想とするエスプレッソを作るために欠かせない、最高のコーヒー豆を見つけ出すこと。

いい人はいないかと探し始めた矢先、エスプレッソマシン、ラ・マルゾッコの日本での販売代理店であるラッキーコーヒーマシンの人が、いいロースターがいるとひとりの若者を紹介してくれた。それが吉見紀昭君だった。

彼はバリスタ世界チャンピオンのポール・バセット氏がプロデュースするエスプレッソカフェ、ポール・バセット・ジャパンでチーフバリスタとして活躍した後、スペシャルティコーヒーをエスプレッソ用に焙煎するノリ・ヨシミ・ローステリアを開業したばかりだった。

初めて会った時、吉見君は

「日本には本格的なスペシャルティコーヒーを使ったエスプレッソがない」と言った。それを聞いて僕はつい熱くなってしまった。

「日本のエスプレッソを批判するのは簡単なこと。ないのならば、作ればいいじゃないか。僕が日本で作ってみせる！」

初対面にもかかわらず、そう言い放ってしまった。吉見君は僕の意見に賛同してくれて、一緒に最高のエスプレッソを作ろうと一気に盛り上がった。

最初は知名度のあるロースターをいくつか候補として考えていた。取り寄せた大手のコーヒー豆を試したのだが、どれも日本式の焼き方になっている。ニューヨークのそれとは全然違うやり方で、どうもしっくりこなかった。

吉見君のコーヒー豆を試したところ、焼き方の方向性がニューヨークと同じだったのだ。彼が勤めていたポール・バセットがそういうふうにしたのだと思う。

吉見君は独立して半年しか経っていなかったから、彼から仕入れている店が多くなかったことも好都合だった。つまり、まだ顧客が少ないから、味を変えることが簡単だった。大きな焙煎所は固定客がついているから、すぐには味を変えられない。

吉見君はとても個性的で面白く、初めて出会った日に熱く盛り上がった時から、日本で最高のエスプレッソを完成させる挑戦を一緒にできるのは彼しかいないと思った。彼と一から始めれば、新しいバリスタとロースターのコンビネーションが誕生する気がした。

本質を理解するまで一年かかったが、今では彼がこの仕事を辞めたら僕も辞めるくらいの気持ちでやっている。彼のおかげで、焙煎に無限の広がりができた。大手の焙煎業者のコーヒー豆は焼き方が決まっているので、一定の味からはみ出すことはできない。しかし僕らは、面白いくらいに無限だ。

僕は運がいいと言われることも多いが、必然の巡り合わせで吉見君と出会ったのだと思う。二人の熱情が互いを呼んだのだ。次に僕がやるべきは、必然の中で出会うべくして出会った人を大切にすること。

吉見君との出会いは、僕が日本でエスプレッソをやっていく決定打になった。彼がロースターに決まると、いよいよ世田谷の自宅にあるラボで、最高のエスプレッソを完成させるための試行錯誤が始まった。

苦いだけがコーヒーの美味さではない

吉見君はグアテマラを中心に使っていて、味も香りも、ポートランドのスタンプタウン・コーヒー・ロースターズに一番近かった。それは、当時の日本人には受け入れられない香味、つまり日本人からするとコーヒーらしくないコーヒーなのだ。

日本人はコクのある芳醇なコーヒーが好きで、苦味こそ旨味と感じる人が多いようだ。だから日本では、くせのあるロブスタ種を混ぜる。アイスコーヒーは特にそうで、炭焼きコーヒーのようにコクのあるものが好まれる。しかしアメリカではすっきりとしたコーヒーが主流になっている。

吉見君にはそういう日本らしいコーヒーを好む客がまだいなかった。また彼の師匠、オーストラリアのポール・バセットの味を、あんなのはコーヒーではないと酷評する日本人もいた。しかし、ポール・バセットの味は世界で高い評価を受けていたから、吉見君はそんな日本での批判的な意見に耳を貸そうとはしなかった。彼は余計な評価を耳に入れることなく、純粋に自分が美味しいと思ったポール・バセットの味を覚えていった。そして僕と組むようになり、今度は僕からニューヨークのエスプレッソの味を素直な気持ちで受け継いでいった。

エスプレッソ、何だそれ？

理想のコーヒー豆を焙煎できるロースターは見つかったが、店探しは苦戦していた。十二月に帰国してからすぐに始めて、下北沢を中心に三月まで探したがいい物件を見つけることができず、途方にくれていた。やっぱりアメリカに帰ろうかとさえ考えていた頃、下北沢散策中にまだ入っていない不動産屋が目に留まった。看板に共楽商事不動産部と書かれた店内には、一見怖そうなおじさん（その後お世話になる親松繁（おやまつしげる）さん）がいて、いかにも昔からある街の不動産屋という佇まいに少し臆したが、思い切って店に入った。

「飲食店の物件を探しているんです。予算はこれくらいで、六坪いや七坪くらいで探しているんですけど」

恐る恐るそう尋ねると、間髪を入れずに

「そんな物件、下北沢にはないよ」

という答えが返ってきた。どこの不動産屋にもそう言われていたので、すぐ諦めて帰ろうとした時、

「ちょっと待って、何の店をやるつもりなんだい？」

と引き止められた。

「エスプレッソです」

「何だそれ？」

「えっと、コーヒー屋です」

「この辺は喫茶店が多いから、今から始めても大変だよ」

「そうですよね。つい数ヶ月前に、ニューヨークから二十年ぶりに帰国したばかりで、今の東京の街のことがまだよくわかっていなくて」

僕が帰国して間もないことを伝えると、ぶっきらぼうだったおじさんの表情が少しだけ和らぎ、こう話し始めた。

「実は、戦前から八十一年間続く駄菓子屋の大月文江（おおつきふみえ）おばあちゃんが引退し

たいと言っていて、そこが空くかもしれないから、一週間後に連絡するよ」

それからちょうど一週間、約束通り不動産屋の親松さんから連絡が来た。

「この前話してた駄菓子屋さんが辞めることになって、今日から内見できるよ」

連絡を受けて、僕はすぐに物件を見に行った。

聞いていた通り、そこは昔ながらの駄菓子屋。創業八十一年というだけあってかなり古く、少し傾いているところもあるが、しっかり手を入れたらなんとかなるかもしれない。

少し不安そうに店内を見つめる僕に、親松さんはこう言った。

「古い物件だけどやりようはあると思うし、ここなら内装を自由にできるよ。店は自分で作ったほうがいい。その方が店にエネルギーが湧くから」

それを聞いて、僕はここで勝負することを決意した。

二十年間も日本にいなかった上、日本のクレジットカードもなく、銀行の預金は全てドル建て。そんな状態にもかかわらず、大家の大月おばあちゃんは僕たちのやりたいことを理解し、契約してくれた。本当に感謝の気持ちしかない。

親松さんの助言通り、内装は僕と大工と施工者の三人で全てをやった。設計技士がいないから、方眼紙に自分たちで図面を引いて、水道や電気の配置図は全部僕が作った。そのおかげで改装費はわずか百万円くらいで済んで、初期費用もかなり抑えることができた。

親松さんが言っていたように、自分で作った店が完成した時、身体の中から自然と湧き上がってくるエネルギーのようなものを感じた。まさにここは、僕が作った店なのだ。そして初めてカウンターに立った時、まだエスプレッソスタンドが根づいていない東京で勝負することを決意した日のことを思い出した。

ここ下北沢から、いよいよエスプレッソの闘いが始まる。

ミルクカッピングで膨大なデータを取った

コーヒー豆の焙煎の次に大事なのがミルク。タカナシ乳業の担当者と初めて会った時、ミルクカッピングをしたいとお願いした。ミルクカッピングはいろいろなミルクをスチーミングで試してみて、エスプレッソと相性がいいものはどれかをテストすること。タカナシ乳業は各種類のミルクを十本ずつ持ってきてくれた。僕がラテを作り、皆がそれを目隠しして試飲していく。飲み比べて、一番美味しいものを皆で選んでいった。

ミルクカッピングをしたいと話した時、不思議そうな顔をしていたタカナシ乳業の人も、ミルクによって味が大きく変わることに驚き、それをしたいと僕がわがままを言ったことにも納得の様子だった。

皆の試飲の結果から、成分無調整のタカナシ3.6牛乳に決めた。夏場はあっさり、冬場は濃厚と、季節でミルクの味は変わるが、それに合わせて淹れ方を工夫することで、一年を通してうまく溶け合った味を作ることができた。

こう訊かれることがしばしばある。

「エスプレッソ専用の特別なミルクを使っているんですよね？」

「市販のものを使っていますよ」

そう答えると、とても驚かれる。特別と感じるのは、甘味をスチーミングの技術で出しているからで、それこそがバリスタの腕の見せどころだ。

無脂乳固形分に含まれるミネラルは甘味に作用する。そのためミルクの温度を高くすると、無脂乳固形分と乳脂肪分の割合によって味が変化する。ラテに使う場合、お菓子作りに使う場合、そのまま飲む場合と、それぞれに合う甘味がある。ゆえに、美味しくラテを淹れられるミルクを見つけるためには、ミルクカッピングは必要不可欠なのだ。

この時のミルクカッピングの結果からタカナシ3.6牛乳を使うことを決めた。現在、多くのコーヒーショップでこのミルクが使われているが、エスプレッソに一番合うことを証明した瞬間だったと思う

The Espresso Quest of Bear Pond Espresso.

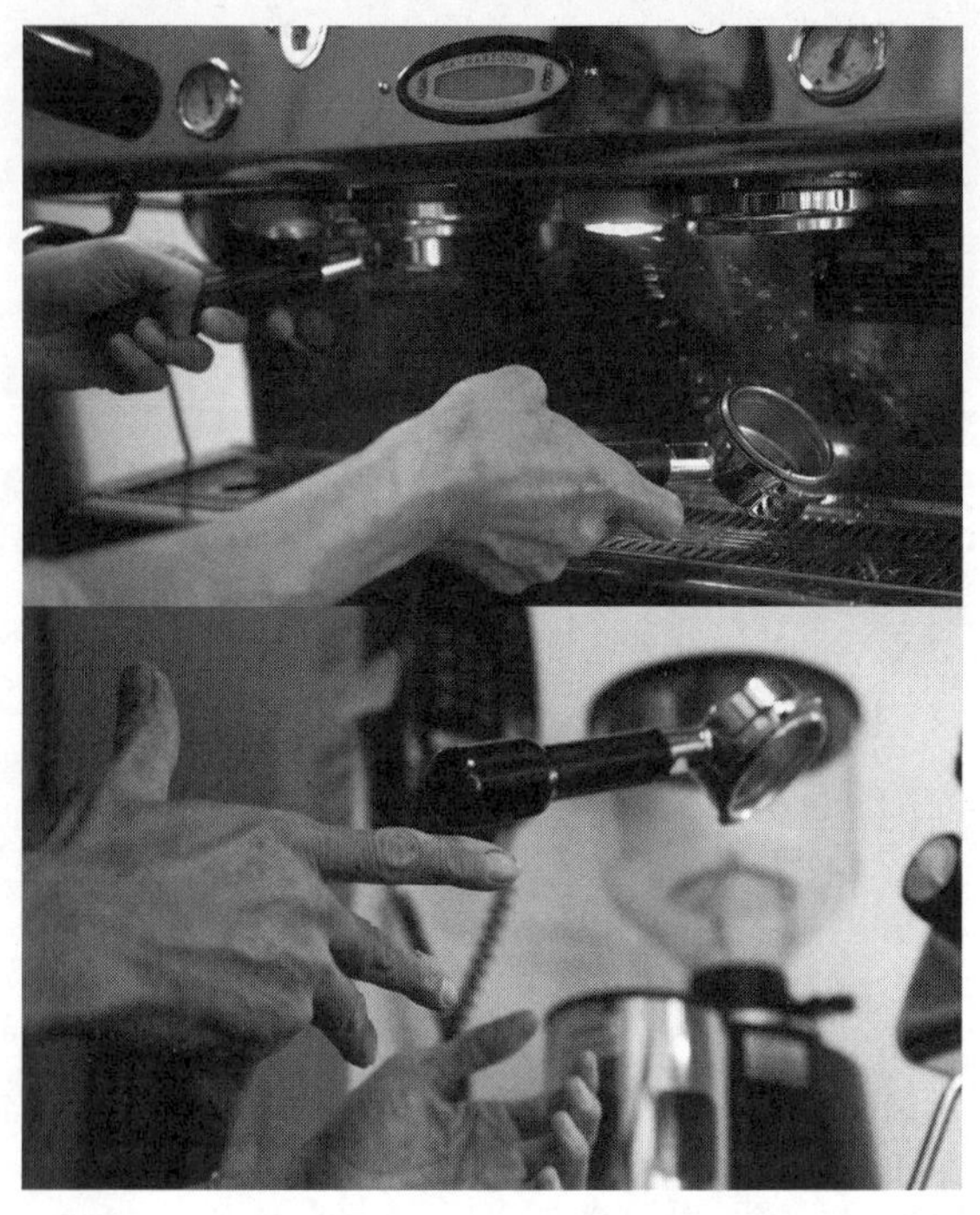

上：B.P.E. Original Technique "Air Splash"
回転させてポルタフィルターの水を切る
下：B.P.E. Original Technique "Knock Drop"
空中を舞うポルタフィルター。エスプレッソの粉を捨てる時にノックボックス(粉を捨てる箱)の反動を利用。腱鞘炎(けんしょうえん)を防止するために開発した
左：タンピングで濃度とフレーバーを調整する

微妙なテクニックで味を変化させ、自身の体で体験する。
薬学の実験のような心持ちで、変化を丁寧に記録していく

新しい味を追求するため、毎日細かくデータを取る。
天気、豆の量、圧力、水温、気温、抽出時間、等々

BUNN
HOT
WATER
SYSTEM
MAZZER

上（左）：フラワーチャイルド・エスプレッソシロップ
ニューヨークのブルックリンで活動するオーガニックシロップブランド、モーリスキッチンとコラボレーション。高濃度のエスプレッソ、エンジェルステインを使いモーリスキッチンのレシピで仕上げた
上（右）：スパークリング・ベア
フラワーチャイルド・エスプレッソシロップとサイダーを組み合わせたオリジナルドリンク
左：柔らかい泡のアイスラテを作るための技術。シェイクした後、瓶をテーブルに当てて空気を出し切り、飲み口の方に泡を移動させる

2010年3月28日、ニューヨークのストリート・アーティスト カーティス・クリグが来店し、ペインティングのイベントを行なった。今や店のシンボルになっている白のラ・マルゾッコFB-80に赤い文字で "love me" と描かれた記念日である

ニューヨークでは、生木のツリーでクリスマスを迎える。日本でもその慣習を続けたく、ポートランドから輸入した約３ｍの生木ツリーに、ニューヨークから届いたオーナメントを飾る。ベアポンド・エスプレッソからのクリスマスプレゼント

BEAR POND
ESPRESSO

Katsu Goes Back to NYC

サードレイル・コーヒーにて。アブラッソ・エスプレッソのジェイミー・マコーミックとニューヨーク・タイムズのジャーナリストのオリバー・ストランドと

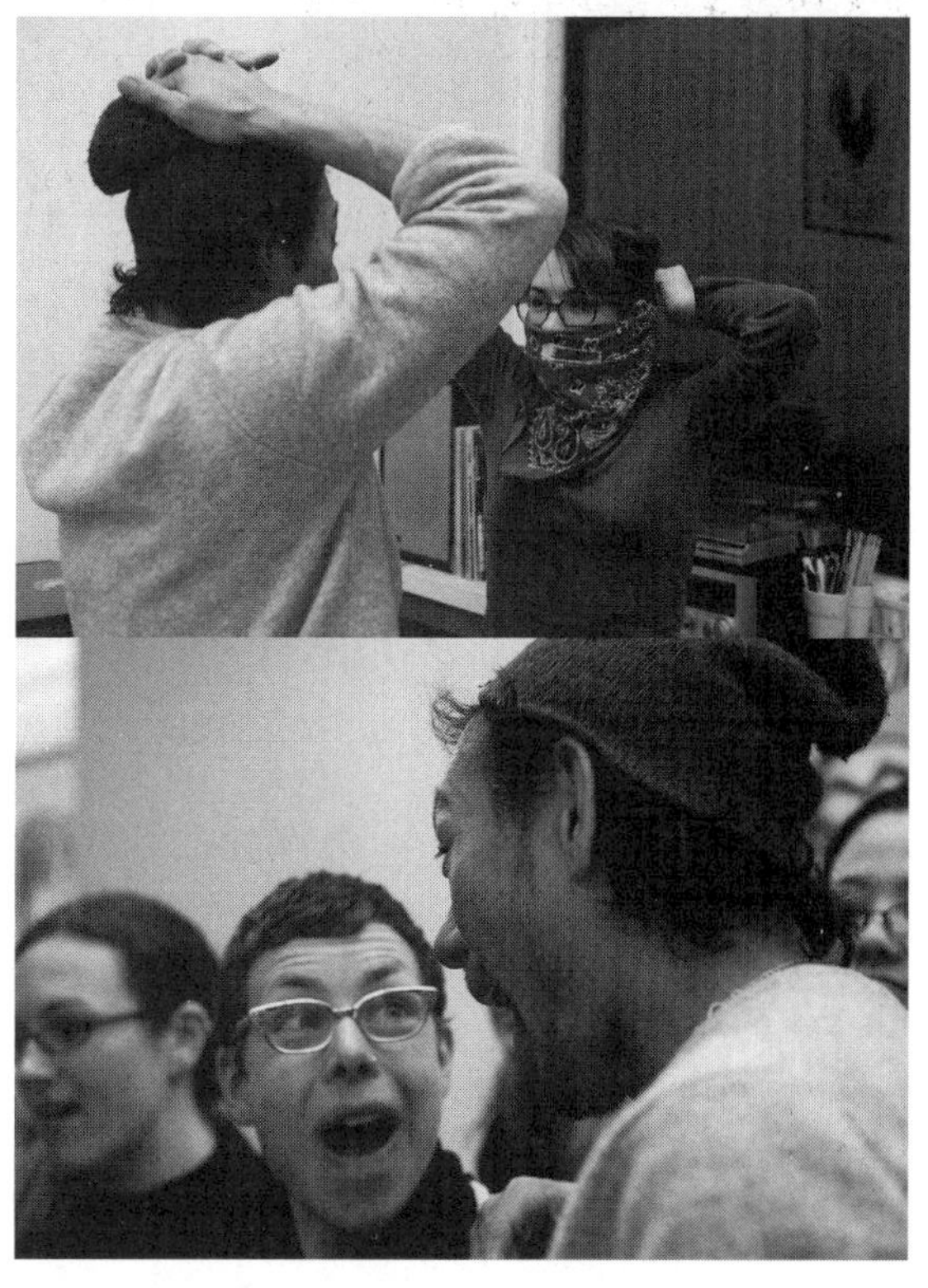

上：パブリックカッピングで親交を深めたカウンター・カルチャー・コーヒーのケイティ・カージュロと
下：バリスタのイベント NERBC でカウンター・カルチャー・コーヒーのエリン・マイスターと再会

ブルックリンのスタンプタウン・コーヒー・ロースターズのラボでカッピングに臨む

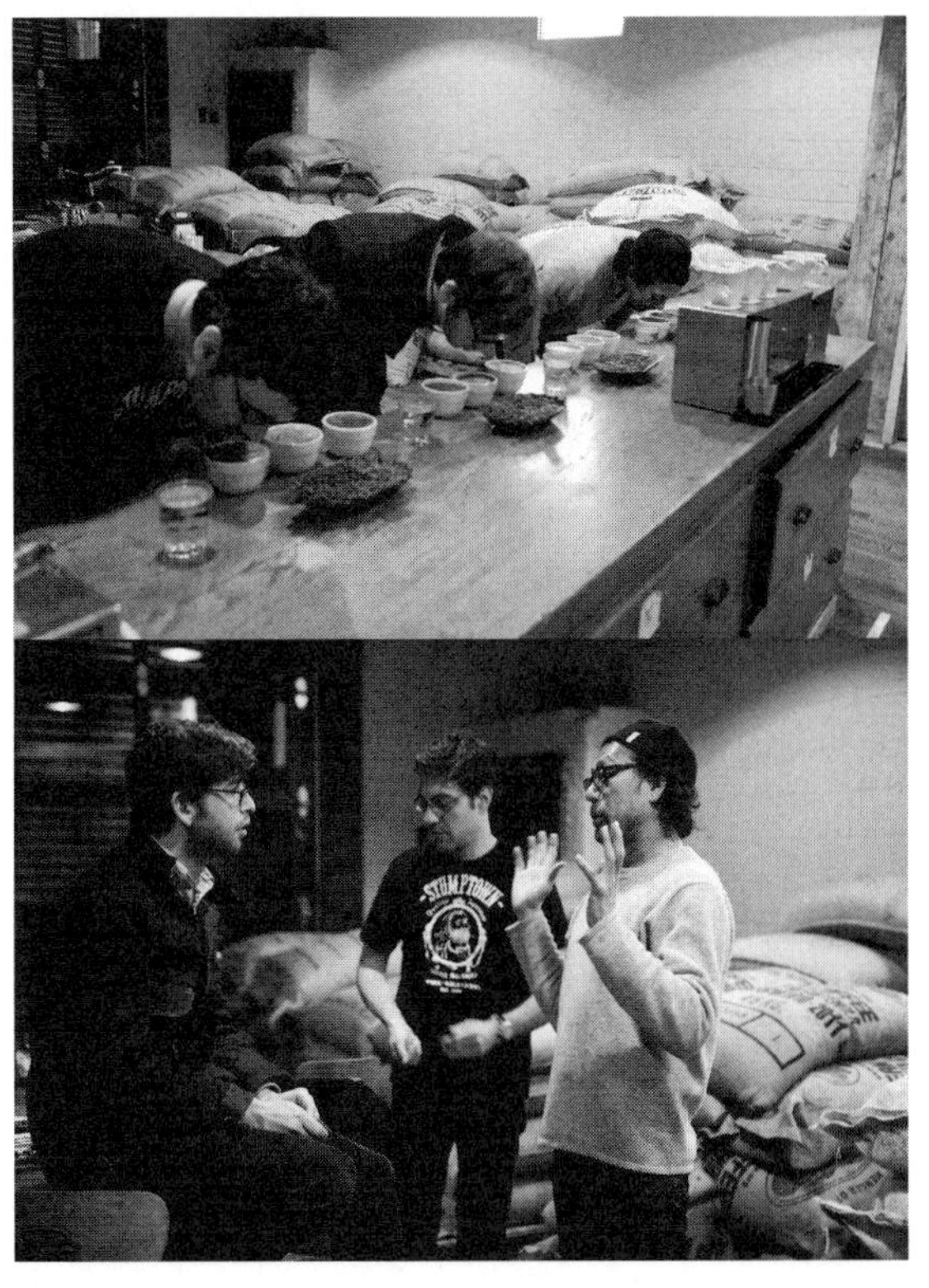

上：カッピング開始。アロマを吟味する
下：スタンプタウン・コーヒー・ロースターズのアレン・イエレントとサードレイル・コーヒーのハンベルト・リカルドとカッピングの結果を話し合う

BearPond Espresso Coffee Menu.

Gibraltar / B.P.E. first introduced to Japanese Customers.
ジブラルタル：ギミ！・コーヒーのジェニファー・ブライアントが伝授してくれた佳味。エスプレッソとスチームドミルクの絶妙なバランスをジブラルタルグラスで味わう

Latte Jar / B.P.E. Original Beverage
ラテ・ジャー：ビンごと振ることで、2ショットエスプレッソのアイスラテでもふわっとした泡が楽しめる

Miss Pamela / B.P.E. Original Beverage
ミス・パメラ：名の由来は伝説のロックンロールグルーピー“パメラ・デ・バレス”。エスプレッソに40度のブラックチェリー酒を合わせた

Puffy Cappuccino / B.P.E. Original Beverage
パフィ・カプチーノ：甘くクリーミーなフォームドミルクとスチームドミルクをエスプレッソと融合させ、カップからはみ出すくらいふっくらと仕上げる

Redeye
レッドアイ：ニューヨーク名物。エスプレッソとシングルオリジンコーヒーを合わせた、刺激的な味

Dirty / B.P.E. Original Beverage
ダーティ：ミルクの中には2層のエスプレッソ。エスプレッソが沈んでいく過程で、味が少しずつビターチョコレートからミルクチョコレートに変化していく

Espresso "Angel Stain"
エスプレッソ“エンジェルステイン”：最初はスパイシィでソルティ、後からダークチョコレートの甘味を感じる看板商品。カップの縁についたエンジェルステインが特徴

連日行列で嬉しくも過酷な日々

二〇〇九年四月二十六日、下北沢一番街商店街にベアポンド・エスプレッソがプレオープンした。ラ・マルゾッコが到着してセットアップが完了したちょうどその頃、もう営業しているものと勘違いした人が店に入って来たため、開店予定ではなかったがリハーサルを兼ねてプレオープンすることにした。

エスプレッソマシンは開店前から、白のラ・マルゾッコFB―80と決めていた。ギミ!・コーヒーが赤、ナインス・ストリート・エスプレッソは黒だから、僕は白いマシンを店の象徴にしようと思った。

店名は、僕たちと縁のある写真家ブルース・ウェーバーが一九九〇年に出版した写真集のタイトルに由来している。ベアポンドはニューヨーク州北部の別荘地・アディロンダックにある小さな沼。長い時間を共に過ごした愛犬小春との思い出が詰まった沼である。写真集にはその美しく静謐な姿が収められている。

僕はニューヨークで学んだやり方、エスプレッソの抽出とコーヒー豆の状態のデータを毎日取ってノートに記録し、その上で自分の味を作っていくことを東京でもやろうとしていた。バリスタが中心となるエスプレッソスタンドは東京にはまだなかったので、それをやろうと考えたのだ。

プレオープン間もない頃、たまたま店の前を通りかかったカフェ評論家の川口葉子さんが来店した。エスプレッソのショットくらいは落とせたが、ミルクスチーミングの調整はまだまだの状態だったので、その旨を伝えてエスプレッソを飲んでもらった。そんな見切り発車の状態で淹れたエスプレッソだったが、飲んだ瞬間、彼女はとても美味しいと驚いてくれた。そこから川口さんは頻繁に訪れるようになり、彼女が担当するカフェのサイトでベアポンド・エスプレッソを紹介してくれた。

開店当初から、世界のラテアートのチャンピオンたちが来日した時に僕の店に遊びに来てくれた。僕の店でラテアートのコンペティションをやろうと集まることも多く、それを知った東京のバリスタたちも次第に店を訪れるようになった。

プレオープンの状態にもかかわらず、世界中のコーヒーの玄人たちが訪れてくれたおかげで、バリスタたちが集まる場所になり、エスプレッソラボのようになっていった。楽しい状況であったが、さすがにこれではプロ向けのラボになってしまう。プレオープンから二ヶ月以上、営業時間以外もトレーニングをして準備万端整った。そしてアメリカの独立記念日の七月四日、ベアポンド・エスプレッソが正式に開店となった。この日が、まさに僕たちの独立記念日になった。

最初の三ヶ月間はきっと来店数は少ないと見込んでいて、収入はゼロに近いだろうと試算していた。店が所在する下北沢一番街商店街は今やたくさんの新しい店ができて活況を呈しているが、当時は下北沢でも中心から少し離れた、昔ながらの商店が多い場所だった。エスプレッソが中心の立ち飲みスタイルのカフェは、まだ東京では珍しい存在。だから、最初から客が来るわけがないと思っていたのだ。しかしその予想に反し、最初からたくさんの人が訪れてくれた。

そして開店して間もなく、日本バリスタ協会の理事長で、バール・デルソーレを経営する横山千尋（ちひろ）さんがアイスラテを飲みに訪れた。それはテレビの企画のための調査を兼ねたものだった。後日、横山さんがおすすめする三店舗のアイスラテを飲み比べて、その中から一番を決めるというテレビの企画に、僕の店も参加することになった。

ベアポンド・エスプレッソが提供したアイスラテは最高点を獲得し、その様子が放送された。できたばかりの店が第一位を取ったと話題になって、しばらく一日に三百人が詰めかける、嬉しくも過酷な日々が始まった。

一日に牛乳四十パックを消費する状況はすぐに収まると思っていたが、連日行列で、その状況が一ヶ月以上続いた。毎日閉店する頃には腕がパンパンに腫(は)れて、氷でしっかり冷やさないと翌日動かないほどだった。

秋を迎える頃、ようやく落ち着いてきたけれど、一時の流行で終わらずに、続けてたくさんの人が訪れてくれるようになった。大行列の日々は大変だったが、開店早々に紹介されたことで、まだ東京で馴染みのなかったエスプレッソスタンドの存在を多くの人に知ってもらえたことは幸運だった。

その頃に初めて来店して、未だに通い続けてくれる地元の人がたくさんいることが何より嬉しい。下北沢で暮らしている人や働いている人が一番の顧客という気持ちで店を続けている。大切にしているのはずっとベアポンド・エスプレッソに通い続けてくれる人たちだ。

この街の人たちのためにエスプレッソを淹れ続けたい。それは、人生を大きく変えてくれた、僕がかつて暮らしていたイーストヴィレッジのバリスタたちへの恩返しかもしれない。生活のすぐそばにエスプレッソがあったから、こうして今、東京でエスプレッソスタンドをやっている。だから僕は、街のためにエスプレッソを淹れたい。

ウイスキーをワンショットで飲むように

ニューヨークはとにかく家賃が高く、広い場所を借りられないから立ち飲みのカフェが多いという事情がある。当然、高い経費を払うため、かなりの売り上げが求められる。しかし、狭い空間で極上のエスプレッソが飲めるのは最高だと思う。

そしてニューヨークのバリスタはパワフルだ。皆堂々としていて、個性的なバーテンダーのよう。ニューヨークの立ち飲みのカフェはバーのような雰囲気なのだ。僕はそういう場所を東京に作りたいと思った。パッと来て、ちょっと喋って、サッと帰っていく。それは、ウイスキーのワンショットを飲む感覚に近いものかもしれない。

バリスタたちは自身の技に全てを賭けている。この店のエスプレッソの味を知らないなんて人生損をしている、それくらいの気概を持って一杯に情熱を傾けている。ニューヨークは、それくらいのパワーとプライドがないとバリスタが務まらない街なのだ。

ニューヨークの客は違いと個性を好む

日本にもニューヨークのカフェのような雰囲気の店もあるが、外見を真似しているだけのところが多い。それは店の個性ではなく、お洒落な空間を提供しているにすぎない。

ニューヨークの客は違いを好む。だから店主たちは、自分の好みを追求することができる。それゆえ店ごとに、味にも内装にもはっきりとした個性がある。

マンハッタンという狭い地域で、短期間にエスプレッソ文化が成熟したのは、来店する人たちに、エスプレッソをしっかり味わおうという意識があったことも大きい。会話は二の次で、美味しいエスプレッソを楽しむために訪れる人が多い。日本では、休息したり打ち合わせをする目的でカフェに訪れる人が多いように思う。多くの人にとって、コーヒーの味は二の次ではないだろうか。しかしバリスタとして、それでは悲しい。

僕は東京で、美味しいエスプレッソを味わうために訪れる場所を作りたいと思った。そのためにも、ベアポンド・エスプレッソは自身の姿勢をしっかり打ち出すところから始めたかった。

粋なエスプレッソの楽しみ方

ベアポンド・エスプレッソは大手コーヒーチェーン店と大差のない金額で提供している。諸々の経費を考えると、正直なところ、とても厳しい値段だ。品質を維持しながら、大手チェーンと大差のない値段で出せるのは、下北沢という立地であることが大きい。比較的家賃が安いから、その分値段を抑えられる。もしも青山や代官山に出店していたら、今の値段で提供することは不可能だろう。

できるだけ安価で提供したいが、安さで勝負するようなことはしたくない。ここの経費を削れば安く提供できる、そういう考えでは僕の求める香味のエスプレッソを出すことはできない。来店する人も、好きな香味が楽しめることを基準に店を選んでほしい。

そして僕の店では、チップ制を試みている。これは本来、日本にもおひねり、として存在した粋な文化。アメリカのような慣習としてのチップではなく、そこから一歩進んだものにできたらと思う。バリスタが真剣に淹れた一杯に感銘を受けた時に、自分の気持ちをそっと添える。それが僕の考える、粋なエスプレッソの楽しみ方だ。

目指すは酸素のような存在

エスプレッソスタンドは街の中で、酸素のような存在になるべきだと考えている。エスプレッソが特別なものではなく、毎日の暮らしに欠かせない存在にならなければいけない。酸素のように、あるのが当たり前だがそれがないと生きていけない。そんなふうになれたら、日本にエスプレッソが根づいたという確固たる証拠になる。

エスプレッソはとてもシンプルな飲み物だ。だからこそ難しい。そして、それぞれの生き方が反映される飲み物だと思う。飲んだ瞬間、身体の中から力が湧いてくるエスプレッソを作りたい。

僕は常々、新しい何かが始まる予感に満ちたエスプレッソを目指している。だから初めて店を訪れた人には、心の中で「Welcome to the New World（新世界へようこそ）」と唱えている。

日本でエスプレッソが酸素のような存在になるその日まで、僕たちは挑戦と鍛錬を続けていく。

常連とはその店がなくなると困る人たち

毎日通ってくれる人もいてとても嬉しいが、頻繁に通ってくれる人だけが常連とは考えていない。週に一度来ようが、月に一度来ようが、それは関係ない。僕の考える常連はその店がなくなると困る人たち。皆がベアポンド・

エスプレッソを必要とする人で、大切な常連だ。だから常連はその店を大事にしてくれるし、他の客に不快なことは絶対にしない。

そして、個人と個人がつき合う場所にしたい。最初は互いに知らないもの同士だが、何度か通ううちに顔見知りになる。いつしか会話を交わすようになり、店を出る時も「じゃあ行ってきます」と言って仕事に出かけていく人もいる。僕は交流が生まれる場所を作りたかったから、こういう関係性が本当に嬉しい。

自分自身を見つけられる、お財布にも無理がない場所を僕らは提供したい。無理があると等身大ではいられなくなってしまうから。

ベアポンド・エスプレッソを、この店の常連であることにプライドが持てるような場所にしたい。偶然ではあるが、下北沢のはずれにある商店街の中の六坪という広さの店は、それを実現させるのに最高の条件が揃っていた。

理論や技術を超える理想が必要

僕の手元に『The Professional Barista's Handbook』という本がある。イタリアのエスプレッソがアメリカで変化していったことを詳細に分析したプロ向けの本で、科学的データがたくさん載っている。

コーヒーには科学的な側面がある。ドリップコーヒーで一番大事なことは、粘着パワーだとその本に書いてある。三角形のドリッパーの中に湯を落とすと、コーヒーの粉は水分を含んで互いにくっつく力が働く。その力を計算しながらドリップコーヒーを淹れていく。

エスプレッソも同じで、焙煎したコーヒー豆を挽いて細かい粉にすると、水分を含んだ時に互いにくっつく力が働く。ドリップコーヒーよりも細かく挽いて、一層密になった粉を通して抽出する。だからドリップコーヒーよりも濃密になる。理論を理解していないと、エスプレッソの魅力を引き出すことはできない。

しかし、本を読んで理論を熟知し、それを真似しても自分が求める香味のエスプレッソが作れるとは限らない。理論を利用してひとつの指標ができれば、それを目安に味をコントロールすることはできるだろう。それよりも大切なのは日々の鍛錬だ。

湯の温度やコーヒー豆の量を微調整しながら、試行錯誤を続ける。それを繰り返しやるうちに、ようやく思い描いた味に近づいていく。時には、理論とは違うことを試してみて、味がよくなることもある。理論を超えた、最高のエスプレッソが生まれる瞬間がたまらなく面白い。

それが終わると今度はロースターの吉見君に

「これ以上の味はバリスタの技術だけでは出ないから、焙煎をこんなふうにしてほしい」

と伝える。すると彼の新しい焙煎が始まる。

「カツさん、今までのやり方を見直してみました。この焙煎はどう思いますか?」

「この焼きで少し試してみよう」

こんなやりとりを続けながら、最高の味を追い求めていく。吉見君とやっていて楽しいのは、一緒に未知なる味を探す実験ができること。僕たちの考える理想のエスプレッソは、理論や技術を超えたその先にしかないのだ。

世界でひとつの味を追い求めて

常に美味しいエスプレッソができるとは限らない。正直言って、未だに毎日が不安でいっぱいだ。

エスプレッソマシンにも定期的に手を加えているが、それは単純に美味しいまずいではかれない、ベアポンド・エスプレッソ独自の香味を作りたいから。僕が理想とするのは、美味しいだけでなく、印象に残る存在感のあるエスプレッソ。ここでしか飲めない世界でひとつの味を、とことん限界まで追求したい。

言わば、乗りやすいファミリーカーを運転するのではなく、扱いにくいレーシングカーを操縦するようにエスプレッソを作り上げる。その試行錯誤の中でしか新しい味には遭遇できない。

ギミ！・コーヒーのケヴィンは、僕にいつもこう言っていた。

「客に合わせるのではなく、自分を信じてカツにしかできない味を出せ！」

皆好みも違うし、店を訪れた時にどういう気持ちかもわからないから、僕が最高だと思うベアポンド・エスプレッソの味を提供する。

心に迷いが生まれた時は、ケヴィンから受け取ったその言葉を心の中で繰り返す。自分を信じることができれば、きっと最高のエスプレッソが作れるはずだ。

Katsu Talks with Sokabe Keiichi, Musician

下北沢の可能性　　曽我部恵一×田中勝幸

曽我部恵一（そかべ・けいいち）
1990年代初頭サニーデイ・サービスのヴォーカリスト／ギタリストとして音楽活動を始める。2001年にソロデビュー、2004年に自主レーベル・ローズレコーズを設立。バンド、ソロ活動と並行して、プロデュース・楽曲提供・映画音楽・CM音楽・執筆・俳優など、形態にとらわれない表現を続ける

出会いは音楽の神様のペンダント

田中（以下、田）　最初の出会いはこのペンダントですよね。

曽我部（以下、曽）　知人がベアポンド・エスプレッソでこんなの売ってたよってプレゼントしてくれて。すごく気に入って『Remix Collection 2003-2009』というアルバムのジャケットに、そのペンダントを撮影した写真を使わせてもらったんです。

田　アメリカの友人のロブという人がひとつひとつ描いているんです。愛の神様とか、いろんな絵柄があるんですよ。その中に音楽の神様というのがあって、曽我部さんがそれを気に入ってくれた。

曽　その後、このアルバムの発売記念ライブをベアポンド・エスプレッソでやったんです。あんまりたくさん集まるとご近所に迷惑がかかるので、ほとんど告知をしなかったんですが、通行人含めて結構来ましたね。

田　偶然店の前を通った人が「曽我部さんがライブやってる！」っていう、その縁ってあるじゃないですか。そういうのが心地よかったな。ここはライブハウスじゃないから、イベントも気楽にやりたいと思っているんです。

でも、共通の価値観を持っていることはすごく大事にしている。ここでそういうイベントをやったというのは、店で販売していたペンダントがきっかけで出会えたこととともうひとつ、近所のよしみというのはありますよね。同じ街に住むと自然に交わるから。突然、知らない人がライブをやりたいと言ってきたとしても、やることはないと思います。

曽　自分たちの等身大じゃないということですよね。

田　たとえ有名なアーティストが来ても、等身大じゃなかったらやらない。自分と同じ価値観じゃない、つまり無理をしているということなんです。

曽　偶然そういうことが起きるのはいい、ということですよね。

田　違う目的が裏にある場合は、それが透けて見えてしまう。

違いと独自性

曽　以前、広告代理店で働いていたんですよね。その時の仕事とコーヒーショップっていうのはどういうふうに繋がっているんでしょう。反動的なものなのか、それともどこかマーケティング的なものと繋がっているのか。

田　マーケティングは言い方を変えれば、老若男女に好まれなきゃいけないということ。僕が思うに、大きい会社になるとマーケティングをやっておかないと偏り（かたよ）が出てしまうので、それは企業としてよくない。だけどこういう小さいところではマーケティングではなく、どちらかというと独自性を取るべきだと思うんです。

曽　広告代理店の頃のマーケティングの反動的なところもあるんですね。

田　もしこの店を大きくすると、少しでも傷が入ったカップは使えなくなるんです。それが好きな人もいれば、嫌いな人もいる。ここが欠けているのが味だと思う人もいれば、汚いと感じる人もいる。しかし小さい店では、欠けているからこそ個性があると考えてもらえる。

僕がよく考えるのは、ディファレンスとユニークネスです。日本語でいうと違いと独自性とでもいうのでしょうか。ディファレンスは自分から違いを言うこと。これとあれは違うと、本人が言うことですね。ユニークネスというのは、第三者が感じること。だからユニークネスを自らやると反感を買っちゃうんです。自身でできるのは違いを出すことだけなんです。だけど第三者から見たら、ベアポンド・エスプレッソをユニークだと感じる。それをどの場所で表現するかと考えた時、代官山や青山では難しいと思ったんです。

街の匂いがイーストヴィレッジにそっくりだった

曽　ここで店を始める前に、いろんな街に出かけたんですか？

田　最初、代官山や青山に行ったんだけど、生活の匂いがしないんですよ。雰囲気はいいんだけど、何かが違う。ニューヨークの知人に相談したら「目を瞑って歩いてみて、街の空気を肌で感じなよ」と言われたんです。

次に下北沢に来たら、アメリカのイーストヴィレッジそっくりなんですよ。最初は街の匂いだと思ったんですけど、それだけじゃなかった。皮膚に伝わってくるエネルギーが、イーストヴィレッジと同じだった。

曽　バイブスってやつですか？

田　まさにそれです。ここに来て一番に感じたのは、この街で暮らしている人たちの生き方が変わっていないこと。僕は明治大学の出身で、下北沢が近かったからよく遊びに来ていたんですが、その頃と同じ空気が流れていた。それで、人々の暮らしがちゃんと感じられるこの街で店をやってみようと思ったんです。

曽　僕はニューヨークに行ったことはないんですけど、イーストヴィレッジはどういう雰囲気のところなんですか？

田　フリーランスの人やアーティストが多く住んでいて、スーツを着ていると目立ってしまう。簡単に言うと、下北沢みたいなところなんです。

曽　僕は田中さんと違って、他の街を見て回って下北沢だと思ったわけではなくて、学生の頃からの遊び場だったんです。友達もたくさん住んでいて、飲んだりライブするのも下北沢が多かったから、自分で音楽レーベルをやろうと考えた時に、自然とここになった。最初はいろんな人から「下北沢じゃあ大変でしょう？　テレビ局とか雑誌社とか遠いし」と言われたんです。僕らはメディアに積極的にアプローチする仕事をしていないから、自分たちが住んでいる街で、等身大でやるのがいいなと思ったんです。だから下北沢以外で考えなかったですね。

でも、たまたま自分がここを気に入って住んでいるから、好きな街になっただけで、ここがとりわけ何かに優れているとは思っていないんです。だけど、田中さんがニューヨークのイーストヴィレッジみたいと感じたのは面白いですね。

田　そういえば、曽我部さんも下北沢で店をやっていますよね。

曽　CITY COUNTRY CITY という店を友人たちとやっています。

親友がレコード屋でアルバイトしていて、いつか自分のレコード屋をやりたいってずっと言っていたんです。レコード屋だけだと家賃が大変だから、夜はバーにしてお酒も飲めるようにしたら収入が増えるし、そのバーの方を僕がやるよって軽く話したんですよ。そうしたらある日、彼が突然アルバイトを辞めて「さあ物件を探そう」って真顔で言ってきて。僕は冗談半分だったけど彼は本気で、本当に店をやることになったんです。お金もなかったから内装も手作りでやりました。

店を始めてしばらく経った頃、レストランで働いていた仲間が仕事を辞めたという話を聞いて「うちにキッチンあるから、何かやってみたら？」と声をかけたんです。そんな流れで、昼はレコード屋兼カフェ、夜はバーになった。各自にいろんな思いはあるのですが、こういう店にしようという相談は一切なかったんですよね。でもそれが集まることによって、想像していなかったいい形になったと思います。

田　一番いいパターンですよね。同じ価値観を持つ仲間たちと一緒にやろうよっていうのがいいんじゃないかな。人が集まるところには、それが一番必要なことなのかなと思います。

ルールや秩序があるからこその自由

曽　僕は自分の音楽が基本にあって、そこにいろんな人が入って来ては出て行く。関わる人たちによって自分の居場所がどんどん変わっていくことが素晴らしいと思っていて、これからもそうやって続けていきたいんです。

田　それができるのが下北沢だと思うんです。僕の店でいえば、いい人たちが通ってくれるようになり、彼らが仲間を連れて店に来てくれる。さらにその人たちが仲間を連れて来てくれて、そうやってどんどん広がっていく。全てに対して等身大でいれば、自然とそうなっていくと思うんです。

曽　でも等身大でやっていると、一緒に警戒心を持っている人が多いんですよね。本当にある一種類の人しか集まっていない、閉鎖的な空間はありますもん。でもベアポンド・エスプレッソはそうはならないで、どんな人がいても楽っていうのがすごく格好いいなと思います。

田　僕は自由なやり方が好きなんですよ。

曽　やっぱり人間ですよね。人柄というか。

田　でもルールや秩序があるからこその自由だと思うんです。ルールがわからない人間ははじかれるけれど、それさえわかっていれば、皆自由なんですよ。下北沢は、青山や代官山に魅力を感じる人ではなくて、個性を探したい人が来る街だと思うんです。この街にマッチした、同じ価値観の人たちが集まる。街の個性がどんどん失われているけれど、そういう色のようなものがあってほしいですね。

等身大でいられる街

曽　飲み屋とかで自慢げに話す人が下北沢に来ると「だから何なの？」となるけど、青山や銀座だったらそういうものが武器になるかもしれない。

田　たぶん、すごいですねと言われると思う。そういう街がいけないわけじゃないんですよ。でも僕は「すごいよな、あいつ」と思うよりも、等身大でいる方が気楽。無理をすればいつか歪み（ひず）が生じてしまう。下北沢は等身大の街ですよね。自身を偽（いつわ）る必要はなく、自分が好きならそれでいいと認めてもらえる場所だと思うんです。

いろんな意見があっていいと思うんです。エスプレッソもそうで、皆に美味しいと言われることが正解ではない。自分が心から美味しいと思えるものを作ったという楽しみがあれば、それが絶対なんですよ。だけど自分が駄目だと思っているのに体裁を取り繕ったものは、たとえ美味しくても個性が伝わらないんです。

曽　僕も音楽を作っていて同じことを考えます。自分をよく見せようとしているなとか、いい曲だけど自分らしくないなとか、そういう闘いは常にあります。

田　それが挑戦だったらいいと思うんですよね。挑戦して、またひとつ階段を上る自分がいる。やってはいけないのは、自分をごまかして嘘をついてしまうこと。自分にとって挑戦だと思える方を選択していけば、常に新しい人生に向かって進んでいけると思うんです。それを無理することなく等身大でできる街が、僕にとっては下北沢なんです。

Katsu Talks with
Kevin Cuddeback, Owner-Barista
for Gimme! Coffee.

ニューヨーク・エスプレッソ文化革命

ケヴィン・クッデバック×田中勝幸

ケヴィン・クッデバック

骨董店、インターネットカフェを経営した後、2000年ニューヨーク州イサカでギミ！・コーヒーを始める。翌2001年にコーヒー焙煎所を開設。2008年ブルックリンに上陸しマンハッタンのノリータ地区にも出店。現在はイサカを中心に5店舗を展開

コーヒービジネスでベストを見極めるのは難しい

ケヴィン・クッデバック（以下、ケ）　僕は、カツが店を大きくすることに抵抗感はないいんじゃないかと思ってるんだけど。

田中勝幸（以下、田）　それはある意味で間違えではないけど、そうとも言えないいんだよね。ケヴィンは投資してもらってる人っているの？

ケ　僕は誰からも投資してもらっていないよ。

田　全くの自己資金なんだ。僕と同じだ。

僕は、店は小さくても、誰もしていないことに挑戦してみたいんだ。そのために焙煎についてもっと深く考えていきたいと思っている。以前から僕は、売り上げよりも商品の質への関心が高かったんだ。なぜなら、アメリカのロースターの技術力を知っていたからね。僕たちはエスプレッソ技術に磨きをかけることに集中したい。そして、日本にエスプレッソを定着させたいんだ。

ケヴィンはどれくらいの店舗を経営するのが、自分にとってのベストだと思ってる？

ケ　それがまだわからないでいるんだ。コーヒーのビジネスで、何が一番かを見極めるのは難しいことだからね。これまでは、新たな場所に新店を出す過程を楽しんできた。でも今は店の運営が大きな仕事になっている。本当は一店舗が一番楽しいんだけどね。一店舗なら自分の個性で店を満たすことができるから。けれど、たくさん店を持つと、他の経営者と同じように事務や人事の仕事が増えて、コーヒーに費やす時間が減ってしまう。

田　初めの店舗は個性的にできる。でも店が増えていくと、やり方は違うと思う。

ケ　日本でも、評判のカフェはダウンタウンから生まれることが多い？

田　日本は少し違うかな。ギミ！・コーヒーはひとつの名前で運営しているけど、店によってスタイルが違うよね。日本は、数店舗ある店はたいていひとつのイメージやスタイルしかないことが多い。でも、僕の考えはそうじゃない。地域や土地柄によって違う表情を持つべきだと思っている。

エスプレッソ革命の始まり

田　ケヴィンはバリスタになる前は何をやっていたの？

ケ　僕は骨董の競売人の父親に育てられて、家業を継いだんだ。でも僕がパートナーとやっていた骨董店がうまくいかなくなり閉店して、そして新しくオークという名前のカフェを始めた。それはインターネットカフェの先駆けのようなもの。ちょうどブロードバンド回線が普及しつつある頃で、マンハッタンではその手の最初の店だった。それもパートナーとうまくいかなくなって、そのビジネスを相手に譲ったんだ。

そして自分自身でカフェを始めようと決意して開店したのがギミ！・コー

ヒー。それが二〇〇〇年のこと。最初に雇ったのがアラスカで二十年間ロースターをやっていた人で、彼は自分の店を持つことよりもコーヒーの味を追求したかった。とにかくコーヒーに情熱的な人物だった。

田　いつ頃から自分たちで焙煎を始めたの？

ケ　二〇〇一年の秋頃だったかな。

田　なぜ焙煎所を開こうと思ったの？

ケ　ごく単純な理由で、焙煎の専門家がいて、焙煎できる場所があったから。それに、自分たちで焙煎すれば経費も削減できるし、なにしろコーヒーの仕上がりを自身でコントロールできると思ったからね。

田　ギミ！・コーヒーを始める前、九〇年代後半のニューヨークのコーヒーシーンはどんな感じだった？　スペシャルティコーヒーを愛飲する人は結構いたのかな。

ケ　ヘイゼルナッツコーヒーなどのフレーバーコーヒーが全盛の時代だった。

一杯一杯丁寧に抽出するエスプレッソはニューヨークではまだ珍しかったな。僕たちが自身で焙煎を始めて、エスプレッソの抽出方法やミルクを変えたことで、ニューヨークのエスプレッソ文化の最初の革命が起きたんだ。

カフェは都市の憩いの場

田　当時、大半の人がコーヒーを特別こだわりのない飲み物として注文していたと話していたけど、ケヴィンはそんな状況の中でスペシャルティコーヒーを始めたわけでしょ。最初はエスプレッソの苦さや酸味の違いにびっくりしてなかった?

ケ　大きなインパクトを与えたと思うよ。なぜなら味も違うし、カプチーノにラテアートが描かれるのを見たこともなかったんだから。これは特別だと感じてもらえて、徐々に僕らのエスプレッソが他のコーヒーと違うことが浸透していったんだ。

次第に、店に来るほとんどの人がスペシャルティコーヒーを注文してくれるようになって、誰もフレーバーコーヒーを注文しなくなったんだ。一応ヘイゼルナッツシロップも置いてあるけれど、僕らはそれをすすめないし、客もそれを注文しない。幸運なことに、客が求めるものと、僕らのエスプレッソへの情熱が合致したんだと思う。

田　開店した時、どんな哲学を持って始めたの?

ケ　まず一番に、店に来た時にいい時間を過ごしてほしいということ。そしてバリスタの仕事に関心を持ってもらえる関係を作りたかった。それはとても難しいことだったけれど、その追求が他の店との違いを生んだと思う。

田　今も同じ哲学を持っている?

ケ　もちろん、いや今はそれ以上の思いがあるよ。カフェは、客とバリスタが互いにいい関係を作ることができる場所だと思うんだ。今は経済が停滞している時代。そんな時だから、カフェは今まで以上に重要だと思う。人々は不況で気が滅入っていて、都市の中で憩いの場を求めている。たとえひととときでも、穏やかな時間を提供できる存在でありたいんだ。

田　ケヴィンにとって、エスプレッソはどんな意味を持っているの？

ケ　人々を惹きつけるものだと思っている。気持ちを切り替えるために、ギミ！・コーヒー以上のものはないと思ってくれたら最高じゃないか。スペシャルティコーヒーが飲まれるようになる前は、ひどいものがたくさんあったんだよ。欠陥品や賞味期限切れのコーヒー豆などが適当にブレンドされていたんだ。ギミ！・コーヒーは、欠陥のない最上のコーヒー豆で淹れた、最高に美味しいエスプレッソを出しているから、街の人たちから愛してもらえたと思うんだ。

エスプレッソの次の世代のために

ケ　飲食の世界では、創業者症候群と呼ばれるものがあって、創業者は全ての小さい事柄にまで口を挟みたがるもの。それを克服するのが僕の今の挑戦だね。ブランドを前進させることに時間を集中させる、その方法を見極めること。そのために、自分の時間をどう費やし、どこに自分の楽しみを見出すかが重要。僕は今まさに、それをやっているところなんだ。急成長ではなく、自然で無理のない方法で成長できるよう努力している。ゆっくり成長する方が楽しいし、ストレスが少ないからね。

田　ケヴィンと出会った時、僕は今こそ自分の変革の時だと決断したんだ。でもケヴィンは僕を信じてなかっただろう？　僕が働いていたフェデックスと、エスプレッソの世界は全く違うから。

ケ　いや、カツはやってくれると信じていたよ。僕に向かって、自分がエスプレッソを浸透させると宣言していたし、それを聞いて絶対にやってくれると思ったんだ。

田　僕にエスプレッソを叩き込んでくれたのはギミ！・コーヒー。ケヴィンが僕に全てを教えてくれたように、今度は僕が日本にエスプレッソを根づかせたいんだ。僕らが握手すれば、きっとエスプレッソ文化は次の世代にちゃんと繋がっていくと思うんだ。

ケ　そのとおりだね、カツ。未来へ最高のエスプレッソを継承していこう。

第四章　たかがエスプレッソ、されどエスプレッソ

イタリアのやり方では僕の味は出せない

エスプレッソはそもそもイタリアの文化。それがアメリカのシアトルで変容し、さらにニューヨークで進化した時代の流れがある。イタリアのコーヒーは独自の文化としてすでに確立され、豊かに成熟している。しかしニューヨークのコーヒーは、イタリアのそれとは別物と考えなければいけない。

ベアポンド・エスプレッソはダークチョコレート系と呼ばれる、最初は苦くて、甘い余韻が残る香味。この味はニューヨークで二〇〇五年頃から始まった。

その味は、イタリアのやり方では作ることはできない。生豆の選別方法が違うし、焙煎方法も異なる。コーヒー豆だけでなく、エスプレッソマシンの調整やバリスタのテクニックも違う。それらの要素が全部合わさって、ダークチョコレート系が生まれた。

ダークチョコレート系の味は、バリスタ大会をあまり気にしない反骨心のあるバリスタたちが生んだものだ。大会にはエスプレッソはこうあらねばならないという保守的な規定がある。あの味は大会のルールに縛られていては絶対に作れない。ニューヨークの互いに繋がりのあるバリスタたちが情報交換しながら、日夜ああでもないこうでもないと、ラボや店で試行錯誤を積み重ねた結果、イタリア系にはない新しい香味のエスプレッソが誕生した。

こんなものはエスプレッソではないとは言わせないだけのパワーが、ニューヨークのバリスタたちにはある。しかし日本はまだその段階まで至っていない。ベアポンド・エスプレッソは未だに、こんなものはエスプレッソではないと言われることがある。それはイタリアや大会の味を基準に考えているからだろう。かつてのニューヨークのように、固定観念にとらわれないバリスタや客が増えていけば、日本から新しいエスプレッソが誕生する日が来るかもしれない。

フルーツジャム入りのチョコレートがヒントになった

当時、この味の呼び名は決まっていなかった。ダークチョコレートと最初に呼んだのは、もしかしたら僕かもしれない。

カウンター・カルチャー・コーヒーのケイティはオレンジピール系の味だった。そこからフルーツっぽさを完全になくしてできたのがこの味だった。

ギミ！・コーヒーでトレーニングを受けていた頃、並行してカウンター・カルチャー・コーヒーのバリスタ認定書の取得を目指していた。創作ドリンクを作る試験もあって、それを考案するために僕がイメージしたのはフルーツジャム入りのチョコレート。

そこでニューヨークで評判の高い手作りのジャムブランド・KOCCAの加藤陽子さんに助言をもらうことにした。加藤さんと一緒に新しいエスプレッソの味を試行錯誤する最中に生まれたのが、ダークチョコレート系の味だった。

カウンター・カルチャー・コーヒーのピーター・ジュリアーノやブルーボトルコーヒーのジェイムス・フリーマンは、来日した際に僕の店を訪れて、エスプレッソを飲んでいった。彼らはニューヨークに戻ってから「ベアポンドの味はすごく魅力的だった。エスプレッソが甘く感じるんだ」とバリスタたちに話してくれたそうだ。

後日、僕のエスプレッソを飲んでから、自分たちの味をよりダークチョコレート系に近づけたと話してくれた。その影響もあるのだろうか、ニューヨークのスペシャルティコーヒーのロースターには、よりはっきりとダークチョコレート系の焙煎をするところが増えていった。

ペーパードリップの技術は日本が一番

アメリカではドリップコーヒーが流行している。その火つけ役はカリフォルニアのオークランドを本拠地にするスペシャルティコーヒーの店、ブルーボトルコーヒー。自家焙煎豆を使いハンドドリップで淹れるスタイルが当時のアメリカでは珍しく、エスプレッソ好きのコーヒーマニアがドリップコーヒーを再評価するきっかけを作った。

登場した頃は、客の目の前にドリッパーをたくさん並べて、湯をどぼどぼと落としていたが、今は日本のそれのようにじっくり丁寧に淹れている。

ペーパードリップの技術は今のところ日本が一番だが、アメリカのドリップ技術も日々進化している。ニューヨークで急速にエスプレッソ文化が開花したように、ペーパードリップはますますアメリカで発展していくだろう。

東京にはまだエスプレッソ文化が発展する余地がある

ニューヨークのエスプレッソ文化は、わずか十年で発展、成熟した。つまり、東京のエスプレッソ文化も大きく花開く可能性があるということだ。何かのきっかけがあれば、ニューヨークよりも短期間のうちに普及するかもしれない。しかし技術面は一朝一夕にはいかない。ニューヨークと同じように、しっかりとした腕を持つバリスタが増えるまで、少なくとも十年はかかるだろう。だからこつこつ鍛錬を続けていくことが大事になる。

僕はロースターの吉見君と、たくさんの生豆を使い、焙煎データを取り続けている。それにはかなりの時間とお金がかかってしまうが、それを続けていくことが自信になっていく。

日本にはまだエスプレッソが根づいていないから、それくらいやらないことにはニューヨークに追いつくことはできない。十年後、二十年後にベアポンド・エスプレッソが個性ある店として続いているかは、こつこつと足元を固めていく日々の努力にかかっている。

僕は、中途半端で仕事を投げ出してしまうことができない性格だ。過去の仕事でもひとつひとつ完結させた上で、新しい挑戦を始めた。ベアポンド・エスプレッソはまだ完成したとは言えない。ダークチョコレートの味を守りつつも、同じ場所に安住することなく、新しい発見を追い求めていきたい。

僕の店でトレーニングしている若いバリスタにはすごく期待していて、彼らは毎日真摯（しんし）にトレーニングに励んでいる。その誠実さは、確実に結果へと繋がっていくだろう。若きバリスタたちのパワーは僕の誇りだ。

自分の存在を見出す力がある特別な飲み物

傍目には順風満帆な人生を送ってきたように思われる。しかし実情は決してそうではない。ビザの問題、言葉や人種の問題、さらに会社の倒産や職探しで地獄のような日々もあった。さらにフェデックスの仕事に情熱を燃やせなくなった時期は、果たして僕の人生はこれでいいのかと思い悩んでいた。

そんなある日、たまたま近所にできたカフェに入って、スペシャルティコーヒーのエスプレッソを飲んで、衝撃をうけた。それは今まで飲んでいたものとは全く違う、苦くて甘い味だった。

その衝撃が、自身の人生を見直す引き金となった。エスプレッソを飲んだ瞬間、ニューヨークという自分が一番行きたかった場所にいることに、改めて気づかされたのだ。

「僕は何て贅沢なことで悩んでいるんだろう。今こうして、憧れの場所にいるじゃないか」

自分がこの街に来た初心を、すっかり忘れていた。アメリカの大学を卒業したい、ニューヨークに住みたい、ニューヨークの広告代理店に入りたい。

それらの夢が全て現実になった。

本当は幸せなはずなのに、どうして落ち込んでいるのだろう。よく考えてみると、贅沢な環境で実に些細なことを悩んでいた。強烈なエスプレッソが、僕自身こそが自分の人生の主人公であることを再認識させてくれた。

僕の店でエスプレッソを飲んだ時、そんな感覚を味わってもらえたら嬉しい。夢を持って上京した人が、憧れた東京で今こうして頑張っているじゃないかと気づくきっかけになったら最高だ。

エスプレッソは喉を潤すものではなく、刺激を与えてくれる飲み物だと思う。僕のエスプレッソは一〇〇%アラビカ種のスペシャルティコーヒーを使用しているので、カフェインは普通のコーヒー豆よりも少ない。そしてビターな味は、深煎りのコーヒー豆に頼らず、技術で抽出している。

エスプレッソは舌に垂らしてじっくり味わうもの。ジュースのような感覚で一気に飲むのはもったいない。日常に刺激が必要な時こそ、是非飲んでほしい。逆にエスプレッソを飲むことで冷静になれるかもしれない。エスプレッソは、自分の存在を見出す力がある特別な飲み物なのだ。

エスプレッソ文化の底上げが一生のテーマ

エスプレッソ文化の底上げが、僕の一生のテーマだ。ニューヨークは若きバリスタたちが一生懸命コツコツと続けてきたことで、次第にエスプレッソ文化が成熟していった。だから、東京でもやらなければいけないことがたくさんある。

妻は僕以上に強い熱情がある。だから僕がビジネスに寄ろうとするとすぐに、絶対に駄目と正しい道へと引き戻してくれる。ありがたいことに、周りの人も僕たちの意志を曲げようとはしない。

こうすればもっと儲かると言う人はひとりもいないが、一緒にもっと面白いこと、もっと凄いことをやりませんかと言ってくれる仲間がたくさんいる。だから僕はいつも忙しいけれど、どうしてこんなに儲からないのだろうと、悩みは尽きない。軽食などを提供をせず、エスプレッソだけで利益を出すのは本当に難しい。しかし目先の利益に走ったら、ベアポンド・エスプレッソは明日にもなくなってしまうだろう。

志を持って真っ直ぐ進んでいれば、僕たちが伝えたいことがきっと理解される日が来るはずだ。ここ東京で、着実にエスプレッソ文化を作っていくことが使命だと思っている。挑戦を続けていれば信頼はついてくる。

コーヒー豆の品種の個性を保ちながら、苦味を最小限にして甘味とコクを出す焙煎も、僕の挑戦のひとつ。ロースターの吉見君も強い信念を持っていて、いつもこう言ってくれる。

「限界までやりましょう。それまでは技術で頑張ってください」

それがどんなに大変なことか、それが身に染みている。

道標となる店はニューヨークにいくつもある。中でもカフェ・グランピーのやり方は、僕の目指しているところだ。品質を向上しながら、無理のない歩幅で着実に店を増やしている。

店の規模を大きくすることが正しいとは限らない。バリスタは豊富な経験と長期間のトレーニングが必要だから、そう簡単に優秀なバリスタをたくさん育てられない。下北沢の店を本山にして、僕の論理を伝授したバリスタが育てられたら、日本のエスプレッソ文化は、ゆっくりでも確実に発展していくはずだ。

人生で貯めてきたポイントがエスプレッソに繋がっている

半生を振り返ってみると、自分の人生を作ってきたものがよくわかる。クリエイティブ面は広告代理店の仕事から、ビジネス面は物流の仕事から学んだ。バリスタとして必要な体力はスポーツから得たものだ。そして死に物狂いで習得した語学力と知識も活きている。

人生で貯めてきたポイントが、ベアポンド・エスプレッソに繋がっている。どれかひとつ欠けたとしても駄目だった。今までの人生でやってきたことは、全部が無駄になっていない。過去の自分が、今の自分を作っているのだ。ベアポンド・エスプレッソを始めたことでそれを実感できた。

育ててくれたニューヨークで闘いたい

いつの日かニューヨークでベアポンド・エスプレッソをやりたい。それはニューヨークに店を持つことが目的ではなく、東京とニューヨークのエスプレッソ文化の架け橋になりたいという思いからだ。

今の自分があるのはやはり、ニューヨークのおかげ。僕を育ててくれたニユーヨークのバリスタたちと同じ土俵で闘うのが、僕の一番の挑戦だ。それが叶った時、ニューヨークの仲間は、カツよくやったと言ってくれるはず。その言葉をニューヨークのバリスタたちからもらうのが、僕のゴールだ。

そういう強い志を持ってないと、人は簡単にぐらついてしまう。でも僕は、ちょっとやそっとでは揺るがない自信がある。それは、今までの人生で培ってきたものが、全部エスプレッソに抽出できているからだ。

たかがエスプレッソ、されどエスプレッソ。一杯たったの十五ミリリットル。でも、小さな一杯を最高の味にするのがいかに難しいことか、僕はよく知っている。だからこそ、そこに全てを注ぎ込む。そしていつか、心の底から満足できるエスプレッソを出せるその日まで自分を見失わないよう、自身にこう言い聞かせる。

「小さくまとまるなよ」

2-36-12
Wi-Fi

第五章　エスプレッソの夢は続いていく

エンジェルステインやダーティを求めて、世界中の人がベアポンド・エスプレッソを訪ねてくれるようになった。全ての始まりはエンジェルステインだった。濃度が高く苦味と甘味がありながら、最後に酸味で香味を調整した、僕が生み出したエスプレッソ。抽出中、一番いいタイミングでカップを弾くのだが、その時に濃厚なエスプレッソの染みがカップの縁につくことがある。僕にとってそれは汚れ（ステイン）ではなく、エスプレッソと真剣に闘った証である。この染みをエンジェルステインと名づけ、後に僕のエスプレッソはその名で呼ばれるようになった。

長い間、僕のエスプレッソが他のものと何が違うのか、実際に飲まない限り感じ知ることは難しかった。しかしエンジェルステインが誕生したことで初めて、それを視覚で伝えられるようになったと思う。エスプレッソを抽出している数秒間は、世界と断絶するひとときである。その中で生まれたエンジェルステインは、エスプレッソから僕への偶然の贈り物だ。

この感覚を熟知していなければもうひとつの代表作であるダーティを生み出すこともできなかった。ダーティは冷たいミルクに二層のエスプレッソを浮かべたドリンク。時間が経過し全てが混ざった時、ラテとしても楽しめる。世界各国で飲まれていて、そのオリジナルを求めて足を運んでくれる人も多い。メキシコではダーティをベアポンドの名で出している店もあると聞いた。

時間はかかったが、ベアポンド・エスプレッソが目指してきたことがようやく少しずつ形になってきた。それは僕がバリスタになるまでと同じように、簡単な道程ではなかった。何度も挫折を繰り返し、進んではまた一歩戻るような、牛歩の歩みだったと思う。しかし世界でひとつしかないこの小さな店はグローバル・ヴィレッジ（マーシャル・マクルーハンが唱えた世界がテクノロジーで結ばれた地球村）の一部としての役割を果たしてきたという自負がある。そして今僕は、これまで培ってきたものを最大限活かし、エスプレッソを広めていくための活動を、本腰を入れて始めようと考えている。

「コーヒー人はセクシーでなければならない」の本当の意味

店を始めて数年が過ぎた頃、世界中のコーヒーシーンを独自の視点で紹介している雑誌『ドリフト』の編集長、アダム・ゴールドバーグがその東京特集の取材で僕の店を訪れた。

彼と話し始めてすぐ興味深い人物だと思った。それは彼の独自の視点で、本当にいいと思うコーヒーを選んでいるところだった。コーヒーの情報を得るという目的でいえば、他の専門的な雑誌よりも劣るだろう。しかし『ドリフト』にはしっかりとした世界が存在している。だからこそ面白いのだ。彼の取材を通して、大きな組織の中ではなく、個人の強い思いで作り上げることができる世界は素晴らしく、何よりも楽しいものだと再認識した。

その取材時、真っ先に訊かれたことがある。

「あなたが考える、ニューヨークのサードウェイヴの最重要人物は誰？」

「ナインス・ストリート・エスプレッソのオーナー、ケン・ナイだよ」

僕はそう即答した。前述のように、マンハッタンで初めてスペシャルティコーヒーを使ってエスプレッソを出した店だ。本格的なエスプレッソをこの地に広めていこうと高らかに宣言した最初の人物だと思う。

その答えを聞いたアダムは「あなたを信用するよ」と言ってくれた。まだニューヨークにエスプレッソスタンドがなかった頃からイーストヴィレッジに住んでいた僕は、アルファベット・シティの九丁目にナインス・ストリート・エスプレッソができて、次第にエスプレッソが根づいていったことを体感していた。その創刊号でニューヨークを取材したアダムも、その経緯を知っていたのだろう。

この取材と時期を同じくして、コーヒーをテーマにした映画を制作するので出演してくれないかという依頼がきた。それはブランドン・ローパーが監督を務める映画『A Film About Coffee／ア・フィルム・アバウト・コーヒー』。

ニューヨーク、サンフランシスコ、ポートランド、シアトル、東京と、世界各地のコーヒー文化の新しい流れを、三年かけて取材したドキュメンタリー作品だ。いわゆる自主制作の作品にもかかわらず、コーヒーに関心がある人たちを中心に好評を博し、三〇ヶ国一〇八都市で上映会が行われた。

僕にとっては、ニューヨークでバリスタ修行に励んでいた時期を共に過ごした人たちが皆出演している、その頃を回顧する絵日記のような作品だった。まだニューヨークの人々のコーヒーへの関心が低かった当時、新しいコーヒー文化を開花させようと胸を躍らせていた仲間たちだ。

コーヒーの中でも、僕たちがニューヨークで作り上げようとしていた新しいエスプレッソ文化はやがて注目されるようになり、それが次第に浸透していった。それがこの映画に繋がったのだと思う。

それは嬉しいことではあったが、予想以上に熱が高まり、コーヒーブーム、はたまたサードウェイヴという言葉で括られるようになると僕は、過去に経験した嫌な記憶を思い出した。それは十代後半から二十代にかけて情熱を注いでいたサーフィンでの苦い思い出だった。

僕は真剣にサーフィンに取り組んでいたが、いつしかそれが一大ブームとなり、ファッションの一部のように、世の中に表層的に浸透していった。しかし、そのブームは短期間で収束し、その後は焼け野原のような状態になってしまった。僕が心から愛し、全力を注いでいた場所を荒らすだけ荒らして、そして一瞬で去っていってしまったのだ。

サーフィンの時と同じように、全身全霊で情熱を傾け、仲間たちと共に少しずつ作り上げてきたものが、ブームという流れに飲み込まれてしまうのではないかと危惧していたのだ。ブームになり巨大な存在になると、どうしても純粋な面白味が奪われてしまう。僕たちからこの楽しみを取り上げないでくれ、そんな心境だった。

この映画の中で僕は"Coffee People Have To Be Sexy!"（コーヒー人はセク

シーでなければならない）と言っているが、本来の意味とは少し違う意図が含まれている。セクシーというのは性的な意味ではなく、クールという言葉と同義で使っている。僕はそこに素直な裸の心になろうという気持ちを込めていた。コーヒーに関わる人間は自身の芯となる部分をしっかりと持ち、落ち着いて真摯にやるべきことに向き合わないといけない、そう伝えたかったのだ。ブームを生み出すのではなく、目の前にいる人のために最高の一杯を抽出する。それよりも大切なことはないと思う。

映画に出演して変わったことは何もないけれど、嬉しかった出来事がひとつあった。ニューヨークで上映会が行われた際、僕がスクリーンに登場した瞬間、場内がざわめき、各所から拍手が起こったことを、その場にいた妻が教えてくれた。撮影時、日本に戻ってまだ三年足らずで、知人友人もほとんどいない状況の中、下北沢で奮闘していた。その姿をニューヨークの仲間たちに見てもらえたこと、そしてスクリーン越しに僕に声援を送ってくれたこ

2014年9月19日、横浜のイオンシネマみなとみらいで開催された映画『A Film About Coffee／ア・フィルム・アバウト・コーヒー』一夜限りの特別上映会。来日したブランドン・ローパー監督と共に登壇した

とが心から嬉しく、大きな励みになった。

後にこの映画がきっかけのひとつとなって、アメリカの経済誌『フォーブス』で後述するコーヒーダスト・バー・エクスペリエンスが紹介された。その際、伝説の日本人バリスタと世界各国に配信された。僕がやってきたことを評価いただいたのだと思うが、伝説（レジェンド）という呼び名は凡人の僕にはとても背負うことができない称号だ。

伝説と評されるのは、生まれながらにして特別なものを持っている人物だ。そして、何かを成し遂げてすでに一線から退いた人を表現する際に使う言葉である。レジェンドは手の届かない遠い存在でないといけない。そうなると店に立ち、世界中から訪れる人たちと接することが難しくなる。そしてレジェンドが作るエスプレッソは大層凄いのだろうと、最初から構えられてしまうだろう。僕はそんな厄介な立場になりたいとは思わない。だってエスプレッソはいつでも等身大の存在なのだから。

カウボーイの知恵を活かしたコーヒーダスト・ポケ

一九四一年にアメリカで誕生したコーヒーメーカー・ケメックス。機能性とデザイン性を兼ね備えた名品は世界中のコーヒー好きから愛好されていて、ニューヨーク近代美術館などのパーマネントコレクションにも認定されている。そのケメックスから僕のところに、とても面白い依頼が舞い込んだ。ケメックスはドリップコーヒーを作る器具だが、エスプレッソの視点からコーヒーを分析して新たな付加価値を見出し、ケメックスを日本で普及してほしいという内容だった。

まずはケメックスのことを知ろうと、開発者のピーター・シュラムボームの生い立ちから考案に至るまでのことはもちろん、一九三〇～四〇年代の時代背景も調べ上げた。

戦時中に開発された器具が未だに世界中で愛用されていることに興味を持

った僕は、その依頼を受けることを決めた。ケメックス本社が所在するマサチューセッツ州の市外局番の413からそのプロジェクトを413 Chemexと命名し、手始めに普段ケメックスを使っている人に新しい面白さを発見してもらうためのワークショップを開催することにした。本社から大量の器具やフィルターなどの消耗品が送られてきて、いよいよプロジェクトが始動した。

そのプロジェクトを進めながら、僕はあることを考えていた。ケメックスはガラス製なので野外で使うことは難しい。ケメックスのために収集した情報や、自身で試験を繰り返して得たドリップコーヒーの仔細なデータが僕の手元に揃っている。それに、僕が学んできたアメリカのコーヒーの歴史やエスプレッソの経験もある。それらを活用して、野外で手軽に安定したコーヒーを淹れる方法はないだろうかと考え始めた。

ふと、西部開拓時代にカウボーイたちが、靴下をフィルター代わりにしてコーヒーを淹れていたことを思い出した。靴下の中に挽いたコーヒーを入れ、

413
CHEMEX

それを沸騰した湯の中で煮出しながら抽出する方法だ。

それを応用して、野外でも手軽にコーヒーを楽しめる道具が作れないかと発想を膨らませていった。ケメックスのようにハンドドリップで湯を落として淹れる方法は、丁寧に調整しなければならない。安定して湯を落とせる室内であれば美味しいコーヒーを淹れられるが、自然から様々な影響を受ける野外ではそれは難しい。しかしカウボーイの靴下の発想なら安定して淹れられる。

僕がニューヨークにいた頃から続けている、コーヒーの香味を比べるカッピングは、カウボーイのソックスコーヒーと同じく、湯に挽いたコーヒー豆を浸して抽出したもので行われる。それは、ハンドドリップでは安定して同じ条件で淹れることができないから。あくまで豆の特性を比べるのが目的であるから、抽出技術の差で味に違いが出てはいけないのだ。だから全て同じ条件、環境の元、安定して淹れられることが必要となる。

この二つの事柄から着想を得て完成したのが、ネルドリップで使うネル素材でできた、ちょうどカップに収まる持ち上げ部位があるフィルターだ。ゴールドラッシュ時代、採掘者はザルとポケットのような小さな革製の袋を使い川底の砂金（ゴールドダスト）をすくっていた。そのポケットに見立てて、砂金ならぬコーヒーを抽出するこのネルをコーヒーダスト・ポケと命名した。

カップにポケをセットし、中に挽いたコーヒー豆を入れる。そこに熱湯を注いで三分半ほど待ち、時間がきたらポケを上げるだけと、使い方はとても簡単。しっかり深みがあるけれど雑味がなくすっきりとした、野外で飲むのに最適な香味のコーヒーが淹れられる。

もちろん野外だけでなく、時間がない時に家で簡単にコーヒーを淹れる道具としても大活躍してくれる。そして暑い季節には、水出しコーヒーを作るのにも利用できる。就寝前、湯の代わりに水を注ぎ、冷蔵庫で一晩寝かせておけば、翌朝にはすっきりとした喉越しの優しいコールドブリューコーヒーが出来上がっている。

とても簡素に見えるが、何十回と繰り返し使える上質なネル素材を見つけるのが中々大変だった。カウボーイが穿いていたリーバイスのジーンズのように、タフな道具に仕上げたかったのだ。

抽出に最適な曲線を描く形状も追求した。予算面から当初は海外の縫製工場を検討していたが、この繊細な曲線を縫製できる工場を見つけることができなかった。どうにか僕が目指す品質の縫製ができる工場を日本国内で見つけることができ、ようやく製品化まで漕ぎ着けた。

このポケを持って各地を旅し、その地で出会ったコーヒー豆で淹れた一杯を楽しんでほしいと考えている。その土地土地で出会ったコーヒーの香味も旅の一部として記憶に刻むことができたら、最高の思い出になるだろう。

全て手作業なので少量ずつしか生産できないが、僕がこれまでに得た知見を詰め込んで完成させたこのポケを、時間をかけてゆっくり伝えていきたい。

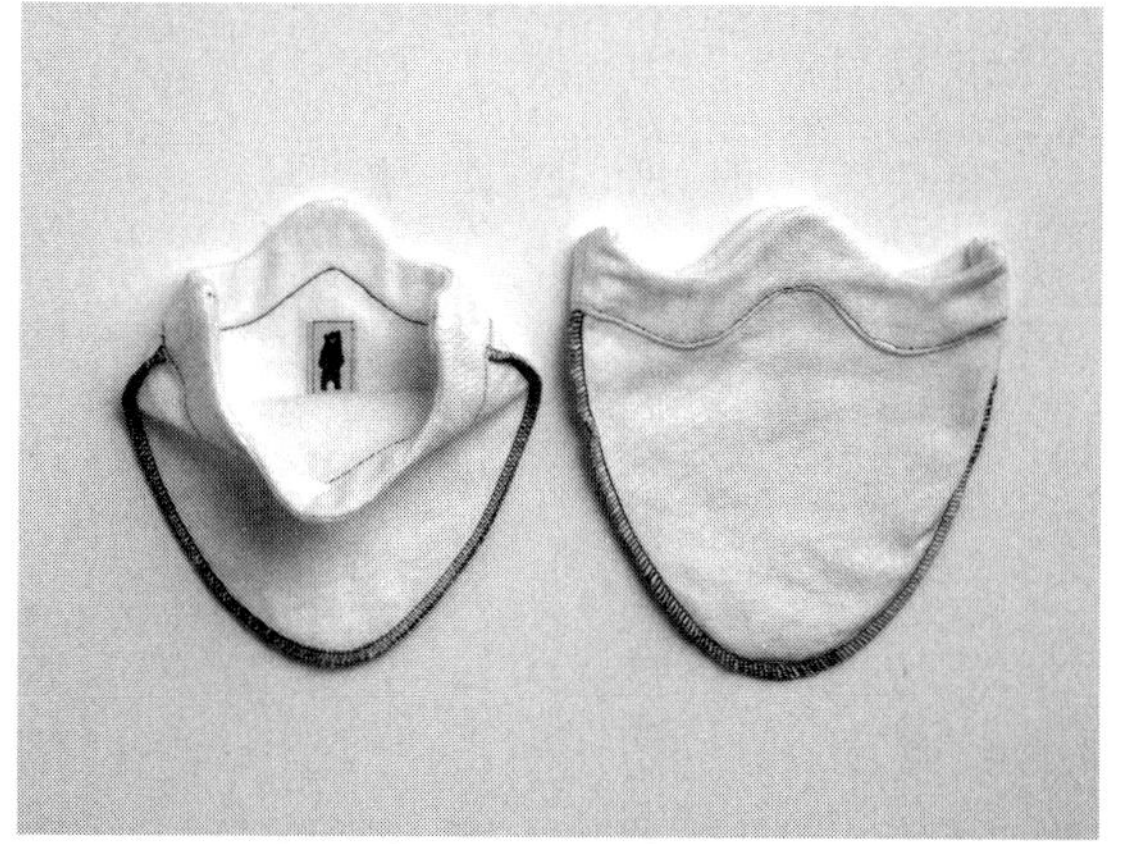

ベアポンド・エスプレッソの味を持ち歩ける
コーヒーダスト・バー・エクスペリエンス

もうひとつ、コーヒー器具がきっかけで誕生したものがある。

様々な液体の濃度を測定する器具を製作する会社・アタゴから、コーヒーの濃度（ブリックス値）を測定する器具・Pal-Coffeeの商品協力の依頼があった。濃度計で測定すると、どれくらいのコーヒー成分を抽出できたかが数値で明確にわかる。アタゴが所有する高性能の濃度測定器で僕のエンジェルステインを調べたところ、一般的なものの約三倍という結果が出たのだが、それはハチミツの濃度と同等ということだった。

その結果を聞いて、僕のやり方が間違っていなかったことが数値としても証明され、とても嬉しかった。同時に、僕はあることを考えていた。それは、どこまで濃度を上げたらエスプレッソは固まるのだろうということだった。

そんな最中、ある仕事でニューヨークに行くことになった。その打ち合わせの際、出席者一同から、僕が淹れたエスプレッソを飲んでみたいという声が上がった。しかし、そう簡単なものではない。たとえ普段使っているエスプレッソの豆を持参し、現地で運よく店と同じエスプレッソマシンが使えたとしても、同じ味を作ることは難しい。僕は長年マシンに改良を加えているので、姿形は同じに見えても全く違うものだし、東京の風土、その日の気候に合わせて細かくセッティングを変えている。だから、僕のエスプレッソを味わってもらうことは不可能なのだ。

こんな時「これが僕の味です」と手品のようにポケットから簡単に出すことができたらどんなにいいだろうと心底思った。そこで思い出したのが、コーヒー濃度計の結果を見て考えたことだった。エスプレッソをチョコレートバーのように固めて持ち歩けるようにしたらそれが実現できるのではないだろうか。その構想を具現化すべく、いつも使っているエスプレッソの豆、フラワーチャイルドを使用し、エスプレッソをバーにする挑戦を始めた。

試作中から完成した時のことを考えて不安になっていた。この世にないものを生み出す挑戦にワクワクしていたけれど、完成した後どうやって広め伝えていけばいいのだろう。それが一番の悩みだった。世の中にない全く新しいものだが、見た目はチョコレートとほぼ同じ。果たしてその違いや目新しさを伝えることができるだろうか。

チョコレートのように滑らかな食感に仕上げることは難しくない。でも、そうしてしまうとチョコレートと同じ土俵で勝負しないといけなくなる。きっとコーヒー味のチョコレートと勘違いされ、埋没してしまうだろう。

そうならないためには、新味覚を作らなければいけない。誰も食べたことがない未知の食感だから美味しいと感じる人もいれば、口に合わない人も出てくることだろう。万人に合わせるのではなく、僕のエスプレッソを美味しいと感じてくれる人たちに受け入れてもらえる香味を追求するしかない。

味覚と正面から向き合い、自身の指針で美味しさを判断できる人は、実はそう多くないのかもしれない。食べる前に得た何かしらの情報に左右されて味を判断してしまうことが多々あるのではないだろうか。とりわけ、まだこの世にない新しい食べ物となると、自分の味覚でその味を正確に感じ取れる人は少ないと思う。

チョコレートは長い間飲み物として楽しまれていた歴史がある。一八四七年に、カカオ豆の油脂分（カカオバター）をペースト状にしてできたカカオマスに、ココアバターを加えて作られたものがチョコレートバーの原型と言われている。それまでチョコレートは飲み物というのが世の常識で、食べるものではなかったのだ。それを考えると、エスプレッソだって飲み物から食べ物に進化し、それが常識になる未来が訪れる可能性だってある。

エスプレッソバーを初めて食べる人は、固形の食べ物となったチョコレートを初めて口にした先人と同じ感覚を経験できる。不安はありつつも、それはとても面白いことだと思った。まだ世の中に存在しない、世界で初めての食べ物を自身の手で生み出すことができるのだ。

インターネットが普及する以前、未知のものと対峙した時、人はまずそれを体験し、自身の感覚を研ぎ澄ませて初めてのものに接していたように思う。世界中のあらゆる事柄が瞬時に検索できる現代では、体験する前に情報として取り入れてしまう。それを続けていると、新しいものを生み出そうとする細胞は退化していくと僕は考えている。先に知識として理解してしまうと、その本質にはひとつも触れられないのではないだろうか。

これは生まれた時からインターネットが当たり前にあった世代だけでなく、僕にも当てはまることだ。チョコレートの変遷の歴史というヒントがありながら、固定観念に縛られて、僕が抽出したエスプレッソの香味をより多くの人に届ける方法はないものだと端から諦めていた。こうした気づきが、コーヒーダスト・バー・エクスペリエンスを生み出す原動力となった。

DEPIENCE
coffeedust bar
NO CACAO, ONLY COFFEE

僕のエスプレッソの香味を伝えていく旅

コーヒーダスト・バー・エクスペリエンスが完成した頃、僕はある試みを始めることにした。エスプレッソに真剣に向き合いたいと考えている各地のカフェを訪ねて、僕がエスプレッソから学び得た知識や技術を伝えていくことを思いついた。それを考えるようになったのは世界的な感染症の流行が大きく影響している。

ベアポンド・エスプレッソは六坪の小さな店だ。僕と妻の二人で運営することができる規模。始めた頃から、仮に人気になったとしても店を大きくしないことを決めていた。

ある出会いから、かつて渋谷にあったカフェ、オン・ザ・コーナーに併設する形でナンバーエイト・ベアポンドという名のエスプレッソスタンドを出店した。開店前から店が入るビルの取り壊しが決まっていたため、期間限定

ON THE CORNE
BAR &
RESTAURANT
COFFEE &
ESPRESSO
RESTAURANT

の店舗だった。

最初は五年ほどの予定だったがビルの取り壊しが延期になり、結果として約十年間営業を続けた。いよいよ閉店日が正式に決まり、スタッフたちにも半年前にそれを伝え、それぞれが希望する職場を見つけられるよう、僕も全力で支援した。

大半のスタッフは次の仕事を見つけることができたが、その中の数人が僕のところで働き続けたいと言い、この先が決まらないままだった。下北沢の店は二人で運営できるから、さてどうしようかと考えていた矢先、感染症がやってきて、身動きが取れなくなってしまったのだ。

あらゆる業界が大変な事態に陥っていたが、とりわけ飲食店は大きな影響を受けたと思う。休業をせざるを得ない状況が続き、下北沢界隈でも飲食店の閉店が相次いだ。飲食業界が大きなダメージを受けている最中、他で仕事を見つけてくれと伝えることはさすがにできない。そんな時に、僕は以前から考えていたこの言葉を思い出した。

"Road Trip with Espresso" エスプレッソと旅に出よう。

エスプレッソマシンの調整や香味の管理はこれまでと変わらず僕がしっかりやり、開発したエンジェルステインとダーティも最後まで責任を持って自身で作り続ける。しかし、接客などの店の実務は主にスタッフに任せよう。そうしてできた時間を使い、未来に向けてエスプレッソを広める旅をしようと考えたのだ。

世界的な感染症の流行がやってきて、前とは違う視点で世界を見る必要に迫られた。以前とは全く違う世界になったと僕は考えている。これからは店でじっと待っているだけでなく、自身の足を使いエスプレッソの未知なる価値創造を伝えていかなければいけない、そう思うようになった。

それはカウボーイがバッファローのいる場所を探し求めることと同じ。ニューヨークではなく、バッファローがたくさんいる東京で出店することを決断した時と同じ心境だった。

それを実現するために、先のコーヒーダスト・バー・エクスペリエンスはとても有効なものである。それともうひとつ、世界にひとつしかない本物のエスプレッソを広めることができる、新しい道具を開発中だ。

全国津々浦々にチェーンのカフェができて、エスプレッソが飲めるようになった。中には高価なマシンを導入している店もある。しかしながら、そこで飲めるのは各一的な味。チェーン店はどこでも同じ味のエスプレッソが飲めることが求められるから、バリスタが勝手に自身の香味を作り出すことはできない。

自分だけのエスプレッソを作ることができる道具があれば、世界中で個性的な香味が楽しめるようになる。それができるのは個人で営む店だけ。客に合わせた美味しい味ではなく、自分が心から美味しいと思える豊かな香味を提供できること、それこそが自身の店を持つ最大の楽しみだ。

今でも平均的な味のエスプレッソが手軽に作れる道具は存在している。それを使えば、誰もが美味しいと思う味は作れるが、それ以上の個性のあるものを生み出すことはできない。さらに言えば、その味を作っているのは道具であって、バリスタ自身には何も蓄積されない。そうして抽出したものは、確かにエスプレッソかもしれないが、僕がこれまで全力を注いで作り上げてきた香味とは別物である。

僕が作ろうとしている道具は、自分自身が武器になるものだ。他では作れないエスプレッソは必ずその店の強みになる。そして、自分だけの香味を作ることができるバリスタは自信と誇りを持ち、世界中どこでも生きていけるだろう。そうなればきっと、エスプレッソでより多くの人を笑顔にできる。それは僕がずっと目標に掲げてきた、エスプレッソ文化の底上げへと繋がっていくはずだ。

夢は続いていく

二〇一八年、ニューヨークのブルックリンに新しいホテルを造るので、そこでコーヒービジネスをやらないかという誘いがきた。テナントとして入ってほしいという話ではなく、一緒に事業としてやらないかと声をかけてくれたのだ。それは歴史的建造物を再生し、その土地の中心となる場所を生み出すことで成長してきたホテルチェーンだった。

結論から先に言うと、世界的な感染症の流行が多分に影響し、その話は流れてしまった。ニューヨークのバリスタたちと同じ土俵で闘うという僕の目標と挑戦は実現はしなかったが、その道中でたくさんの夢を描き、貴重な経験を得ることができた。

最初にホテル側から言われたことは、ブームを作るのではなく、十年二十年、それよりもっと長く続く、素晴らしい思い出になるコーヒーショップにしたいということだった。偶然にもそれは、僕がニューヨークでエスプレッソ文化が開花していく過程を経験しながら考えていたことだった。

ニューヨークでコーヒービジネスに参画するのならば、過去を読み解いた上で未来を予測してみようと考えた。そのためにはまず、コーヒーの歴史を振り返らなければならない。様々な資料を読み漁る中で、こんな内容を見つけた。

コーヒー市場の進化モデルの発展過程が五段階で示されていた。始まりは大量生産、大量消費が重要視された時代（十九世紀後半〜一九六〇年代初頭）。次に、丁寧にコーヒーを淹れるチェーン店が登場し、市場を席巻していく（一九六〇〜九〇年代）。それが飽和した頃に、カウンターカルチャーとして職人コーヒーとも呼べるものが一九九〇年代後半に登場した。これがサードウェイヴと言われるもので、僕がニューヨークでエスプレッソに出会ったのはまさにこの頃だった。そして第四段階で科学的アプローチのコーヒーが登場し、第五段階になると顧客の嗜好に合わせた質の高いコーヒーを提供する専門店が主流になると予測されている。それらの資料を踏まえ、僕なりの考えをまとめた論文「フィーリング・ザ・ウェイヴス」をホテル側に提出した。

この進化モデルを見ていて、僕はあることに気がついた。ウェイヴは線ではなく球体で、その球体が連なり進化しているのだ。ウェイヴごとに分かれているのではなくて、前の要素が次々と重なっていく。その球体の中心には、常に太い一本の芯が通っている。どんな段階においても常に美味しさを追求し続けるという、至極単純かつ難しい芯だ。それは高品質と言い換えることができるかもしれない。

高品質という芯が浮かび上がった時、ウェイヴには影があることがわかった。ウェイヴとは時代性や社会状況が投げかける光の反射によってできた現象であり、影にすぎない。つまりウェイヴに本質はないのだ。

いくら影を追いかけても、そこに魅力を見出すことができない。光が差し込み輝くと、皆がそれに魅了されてムーブメントが起きる。その時は格好よく見えるかもしれないが、時代が移ろえば光の角度は変わり、そして色褪せる。そうなった瞬間、時代遅れの過去のものになってしまう。

このコーヒー市場の進化モデルは、SNSと行動経済学の関係性の観点から記載されておらず、この考え方はすでに通用しないことにも気がついた。現在、SNSが浸透したことで消費行動や価値観に大きな変化が生じた。

ウェイヴという考え方は過去のものではないだろうか。そこで僕は、現在のコーヒーの状況をウェイヴ（波）ではなくリップル（波紋）として捉えようと考えた。波は国際市場への影響力の強い国からしか起こせない。しかし波紋は、世界中どこでも誰でも起こすことができる。

未だバリスタは日本で市民権を得たとは言い難い。一過性のブームで終わってしまう可能性は十分にあると思う。市民権を得るというのは、その事柄で生活できるとも言い換えられる。高品質のコーヒーを出すコーヒーショップは増えたが、コーヒーだけで商売が成り立つ店が当たり前のように街のそこかしこに見られるようになって、初めてバリスタが市民権を得たと言える。それを実現させるには、コーヒーの波紋を広げていくしかない。

ホテルでの一件がなければ、このことを真剣に突き詰めることはなかったかもしれない。この発見は確実に僕の中に蓄積され、次の夢へと繋がる大きな糧となった。

小さくまとまるなよ

本書『LIFE IS ESPRESSO』の原本を執筆した際、「小さくまとまるなよ」という言葉で締め括った。それから十二年という時が過ぎ、この言葉の本当の意味を考えるようになった。

小さくまとまると視野が狭くなり、それによって細部が見えなくなってしまう。ひとつの要素は様々な事柄が複雑に絡み合って成り立っている。熟知しているはずの見慣れたものでも、違う視点でよく見つめ直せば必ず新しい発見がある。

今までと異なる角度からものを見ることができれば、まだ見たことのない世界が存在すること、新しい未来が開けていくことを、僕は身を以て経験していた。たとえば前述のコーヒーダスト・バー・エクスペリエンスもそのひとつだ。エスプレッソは飲み物という先入観を捨てたことで誕生した。

インターネットが普及する前は、海外に足を運ばなければ現地の様子を伺い知ることはできなかった。しかし今は、スマートフォンがあれば世界中の様子や情報を瞬時に知ることができる。現代は、大きな視点を持ちながら、同時に世界を仔細に見る繊細な洞察力があれば、世に衝撃を与えることができる。それがこれまでにない斬新なものであれば、最初は小さくてもやがて大きな波紋となって、世界中に広がっていくだろう。

クリエイティブディレクターの杉山恒太郎さんが来店した際に

「君はね、いつまでも馬鹿でいるんだよ」

と言われたことがある。

今もこの言葉の意味を考え続けている。彼は「君にもあった子供時代の好奇心を思い出すんだよ」という意味で言ったのだろうか。僕たちの生活の中には、常識に惑わされて未だ見落としている好奇心の扉がたくさん存在している。

バリスタやエスプレッソはこうあらねばならないという固定観念に縛られていてはつまらないし、それでは美味しい味しか作れない。僕は常に広い視野を持つバリスタでありたい。

まだこの先も続いていく大きな波紋の中で、繊細さを見失わないよう、勇気を持ってもう一度自身に言い聞かせたい。

「小さくまとまるなよ！」

解説　エスプレッソの苦く甘い刺激のように

編集者　菅付雅信

「できたばかりのコーヒー屋が近くにあるので、そこに行きませんか?」

二〇〇九年初夏、友人たちと下北沢の小さなレストランで昼食を楽しんだ後、ひとりが僕たちをこう誘い出した。

しばらく歩を進めると、下北沢駅から少し離れた静かな商店街の路面に、初めて目にする小さな構えの店が現れた。看板もなく、店名であろう英語名が扉のガラスに金色の美しい文字で描いてあるだけ。中を覗くとスタンド形式の店で、一人だったら扉を開けるのを少しためらってしまいそうな雰囲気だ。先の友人に続き入店し、それぞれ飲み物を注文した。

注文したカプチーノを一口飲んだ瞬間、思わず声が出た。

「こんな美味しいカプチーノ、飲んだことない！」

店の雰囲気や内装だけでなく、カウンターでエスプレッソやカプチーノを作るバリスタも日本のカフェにはいないタイプの人物だった。何と個性的な店が下北沢にできたものかと心嬉しくなった。それが僕とベアポンド・エスプレッソの出会いだった。

何度か通ううちに、バリスタであり店主である田中勝幸さんと話をするようになり、当時クリエイティブディレクターをしていた雑誌のコーヒー特集で取材させてもらう運びとなった。

彼はよく語る。語り出したら止まらない勢いで語る人だ。全身全霊で伝えてくれたバリスタに至るまでの波瀾万丈な半生、そして独自のエスプレッソ哲学に魅了された。それは彼が作るエスプレッソのように苦く甘く、大きな達成感に満ちていた。

エスプレッソをここまで愛し、考え抜いている人がいることに驚いた。そして、その思いを雑誌の特集のひとつではなく、一冊の本にしたいという欲が湧いてきた。それが形になり『LIFE IS ESPRESSO』が二〇一一年九月に完成した。

それから随分と時が過ぎ、この本は欠品状態となっていた。知人から、買い逃してしまったがどうしても手に入れたいと言われることがしばしばあった。そして、この本を読んだことがきっかけでバリスタになった人、コーヒーの世界に飛び込んだ人、異業種ではあるが会社を辞めて自身で店を始めた人の話もたくさん聞いていた。

発売から十年以上経っていたが、未だその影響力を感じていた僕は、再びこの本を世に送り出したいと強く思うようになった。世界的な大きな出来事が続き、混沌(こんとん)としている今こそ、彼の生きた言葉が必要なのではないだろうか。

せっかく再発するのなら前と同じではなく、新たな原稿を加え、既存の文章にも大幅に手を加えて再編集したい。そしてより多くの人に届けられる形態にしたいと考えた。そうして完成したのが、大幅加筆し文庫サイズとして装い新たに生まれ変わった本書である。

　自分の人生を生きること。田中勝幸さんの半生はそれへの挑戦だ。丁寧に焙煎したコーヒー豆をたっぷりフィルターに詰めながら、わずかな雫しかカップに収めない濃厚なエスプレッソのごとく、この本にはたくさんの物語が凝縮されている。

　エスプレッソの苦く甘い刺激のように、ここに綴られた物語がひとつの気づきの引き金になれたらと心から願う。

ベアポンド・エスプレッソ　Bear Pond Espresso

田中勝幸　Tanaka Katsuyuki

本書は2011年に小社より刊行した『LIFE IS ESPRESSO』に書き下ろし原稿と新たな写真を加え、改訂・再編集したものである。

著者　Bear Pond Espresso / 田中勝幸　Tanaka Katsuyuki
編集・構成　菅付雅信　Sugatsuke Masanobu
写真　松岡誠太朗　Matsuoka Seitarou
ブックデザイン・編集・構成　藤原康二　Fujiwara Kouji

協力　有限会社カフェグッズ、タカナシ乳業株式会社、
ラッキーコーヒーマシン株式会社

編集協力（50音順）
市田莉奈　Ichida Rina
糸川歩　Itokawa Ayumi
カティア・ウォン　Katia Wong
相良博昭　Sagara Hiroaki
白石彩乃　Shiraishi Ayano
田中千沙子　Tanaka Chisako
中森真　Nakamori Makoto
橋本美和子　Hashimoto Miwako
水上由季　Mizukami Yuki

LIFE IS ESPRESSO（ライフ イズ エスプレッソ）　新装版

2023年5月21日　初版第1刷

著者　Bear Pond Espresso（ベアポンド・エスプレッソ）
発行者　藤原康二
発行所　mille books（ミルブックス）
〒166-0016　東京都杉並区成田西1-21-37 #201
電話・ファックス　03-3311-3503
発売　株式会社サンクチュアリ・パブリッシング
（サンクチュアリ出版）
〒113-0023　東京都文京区向丘2-14-9
電話 03-5834-2507　ファックス 03-5834-2508
印刷・製本　シナノ書籍印刷株式会社

Printed in Japan　ISBN978-4-910215-13-6　C0177